EZEIZA

HORACIO VERBITSKY

EZEIZA

PLANETA
Espejo de la Argentina

ESPEJO DE LA ARGENTINA

Diseño de cubierta: Mario Blanco
Diseño de interior: Alejandro Ulloa
Fotografías: Archivo General de la Nación,
diarios *La Nación* y *Clarín,*
Associated Press, Editorial Atlántida
y Archivo *Todo es Historia*
Edición e investigación fotográfica: María Flores
Reproducciones: Axel Alexander

Segunda edición: junio de 1998
© 1986 y 1995, Horacio Verbitsky

Derechos exclusivos de edición en castellano
reservados para todo el mundo:
© 1995, Editorial Planeta Argentina S.A.I.C.
Independencia 1668, 1100, Buenos Aires
Grupo Editorial Planeta

ISBN 950-742-500-4

Hecho el depósito que prevé la ley 11.723
Impreso en la Argentina

A la memoria de Pirí Lugones, quien me suministró las cintas grabadas de las comunicaciones de COR, CIPEC, la SIDE y el Comando Radioeléctrico de la Policía Federal, del 20 de junio de 1973. Fue secuestrada el 21 de diciembre de 1977 de su departamento en Buenos Aires y vista por otros cautivos en un campo clandestino de concentración. Quienes la conocieron allí cuentan que enfrentó a sus captores con altivez e ironía a pesar de las torturas y los golpes. Fue asesinada en un traslado masivo, el 17 de febrero de 1978.

Veinte años después

La escritura de este libro comenzó la misma noche del 20 de junio de 1973. Su primer resultado fue un informe al ministro Righi: lo alertaba sobre la trama del putsch en ejecución contra el gobierno de Cámpora según la técnica del golpe de Estado expuesta medio siglo antes por Curzio Malaparte.

Como intento de incidir en la realidad no sirvió de nada. La operación culminó con éxito al mes siguiente y Righi dejó el gobierno junto con Cámpora. La investigación que había iniciado recogiendo informaciones de los dos bandos y cotejándolas con fuentes públicas y con materiales de opuestos servicios de informaciones se enriqueció en los años siguientes con documentos oficiales y procesando la impresionante colección de testimonios reunida por la estructura de la Juventud Peronista.

Pocos meses antes del golpe de 1976 quedó concluida una primera versión como libro. La sesgaba el fervor partidario y permaneció inédita debido al cambio en los alineamientos políticos que produjo la irrupción militar.

Los originales y parte del archivo se perdieron en allanamientos durante los primeros meses de la dictadura. La reconstrucción se completó en los años siguientes con ayuda de microfilms depositados fuera del país. Pero no había condiciones de seguridad para su publica-

7

ción y, por otros motivos, tampoco posibilidad de editarlo en forma clandestina como sí sucedió con otros materiales de confrontación directa con los usurpadores del poder. La organización que integraba prefería no recordar aquellos años de disputas entre la juventud maravillosa y la burocracia sindical.

Al abrir los cajones una década después de Ezeiza tenía un relato minucioso de los hechos y no debía obediencia a nadie para decidir su divulgación. Pero me preguntaba a quién le importaría, en un país que ensayaba combinaciones políticas tan diferentes luego de la primera derrota electoral nacional del peronismo. Eduardo L. Duhalde leyó la versión reescrita en 1984 y me instó a publicarla.

Las filias y las fobias de los tiempos del gobierno peronista habían envejecido en un día, aquel 24 de marzo. Los combates entre facciones peronistas pasaron a segundo plano frente a la barbarie de los campos de concentración y el programa de exterminio entre noche y niebla de una generación contestataria y desafiante.

En 1979 el Partido Justicialista presentó a la OEA la más clara denuncia de políticos argentinos sobre los encarcelamientos sin proceso, las torturas, las ejecuciones clandestinas y la tragedia de los detenidos-desaparecidos. Aquel texto que enardeció a la dictadura denunciaba los delirios represivos de las minorías. Lo firmaban el escribano Deolindo Bittel, quien se hizo cargo de los restos del naufragio, y Herminio Iglesias, uno de los responsables de la masacre de Ezeiza. Sus principales reclamos eran la libertad de Isabel y de Lorenzo Miguel. Entre los inspiradores del documento estaba Vicente Saadi, de cuya mano regresaron a la familia peronista los expulsados de la Plaza cinco años antes. Todos unidos triunfarían.

Esa desmemoria se explicaba por las conveniencias políticas pero era infiel a la verdad y tendría secuelas.

Sincerar la responsabilidad de cada uno en el pandemo-
nium que envolvió la tercera presidencia de Perón no
hubiera disminuido en nada las atrocidades que come-
tieron quienes acabaron con el gobierno de su incapaz
esposa, pero habría establecido el clima de época que las
hizo posibles. En cambio, de la amnesia no se vuelve.

Si por cálculo político era posible abrazarse con los
inspiradores de la Triple A, ¿por qué no hacerlo también
con los militares de la dictadura, unos y otros masacradores de la juventud más noble, que había entregado todo por un ideal generoso? Para presionar por el indulto
Perdía y Vaca Narvaja pidieron piedad para sus enemigos "quienes atormentaron a ancianos, mujeres y niños"
y propusieron una patética misa de la reconciliación.
Ni siquiera desdeñaron la adhesión al alzamiento carapintada. La tergiversación había conducido demasiado
lejos. Las Madres de Plaza de Mayo los calificaron de
mercaderes políticos, sostuvieron que sus hijos no eran
traidores a la lucha popular y que no había Evangelio
que avalara la traición ni la hipocresía.

De ahí a la promiscuidad con el fiscal de Bella Vista
Juan Romero o las partidas de caza con Jorge Born hay
un paso corto que aventureros como Galimberti recorrie-
ron sin rubor.

El agujero negro

Casi todo el país supo que en Ezeiza pasaron cosas
tremendas con consecuencias para la vida de cada uno.
Pero ni siquiera quienes estuvieron conocían con exactitud qué había sucedido. Ezeiza era un agujero negro que
devoraba parte de los intentos por reconstruir el sentido
de la historia contemporánea. Además una nueva generación se desperezaba después de una larga noche y
abría los ojos cargada de preguntas. La repercusión de

ese pequeño volumen sugiere que contenía algunas respuestas.

Muchos actos posteriores de los protagonistas de este libro y de otros que pudieron haberlo sido apoyan la lectura política que se proponía en la introducción. Por ejemplo:

* En su libro *Ejército. Del escarnio al poder,* Rosendo Fraga menciona la asistencia de "numerosos dirigentes metalúrgicos del Gran Buenos Aires, oficiales del Ejército en actividad y en retiro, de la Fuerza Aérea y de la Policía Federal" a una comida de confraternidad cívico-militar organizada en 1975 por la Concentración Nacional Universitaria. Añade que el jefe de la Agrupación Seguridad e Inteligencia de la Presidencia bajo Isabel, mayor Roberto Bauzá, era miembro de la Triple A.

* Menem indultó a Juan Domingo López, quien luego de actuar en Ezeiza integró la Triple A. Había sido condenado a prisión perpetua por el secuestro y homicidio en 1975 del presidente del Concejo Deliberante de Chacabuco, Miguel Máximo Gil. Cuando el juez lo indagó, López dijo que le habían prometido a cambio la explotación del juego y la faena de vacunos en el matadero municipal, dos actividades fundacionales del menemismo.

* Sus hermanos Raúl y Vicente López eran asesores del diputado justicialista Eulogio Aníbal Flores (hermano del general de la dictadura Leopoldo Héctor Flores), quien presentó en 1985 el primer proyecto de ley que reprimía con pena de muerte la producción, siembra y comercio de drogas, su suministro, introducción, financiamiento, exceso en la autorización, facilitación de local, inducción al consumo, difusión publica y/o uso en lugares públicos o privados y hasta consumo personal. Su fundamento: la permisiva democracia sufre un ataque virulento tendiente a debilitar a la sociedad, y el consumo de drogas es el germen de los actos de violencia. Un proyecto similar fue sostenido en la campaña electoral de 1989 por los candidatos Menem-Duhalde y archivado en 1990 por el Congreso. Hoy como ayer, narco-obsesión y doctrina y práctica de la Seguridad Nacional.

* Otro de los pistoleros que Menem rescató de la cárcel por ese secuestro y homicidio espantoso era Luis Oscar Mao, primo hermano de Carlos Mao, el secretario privadísimo de Duhalde. Durante un viaje de Menem, su vicepresidente indultó también a quien les había encargado el crimen, el secretario administrativo del bloque de senadores provinciales justicialistas, Luis Sffaeir.

* El perdón para Sffaeir fue solicitado al Poder Ejecutivo por Carlos Spadone, el asesor presidencial procesado por vender a los programas sociales del gobierno que integraba leche no apta para el consumo humano.

* El comandante Pedro Antonio Menta reapareció como jefe de seguridad de los actos de la CGT en los que se corearon consignas antisemitas y en contacto con una de las organizaciones carapintada que procuraron desestabilizar al gobierno de Alfonsín.

* La justicia ordenó la captura de otros miembros de esos grupos de apoyo a los carapintada: el fundador de la Liga Nacional Socialista de Junín, Luciano Guazzaroni; el *Indio* Carlos Ernesto Castillo, uno de los pistoleros de la Concentración Nacional Universitaria que sobrevivió a la guerra de bandas entre Lorenzo Miguel y Victorio Calabró y colaboró con el ex general Ramón Camps; y el ex custodio de Lorenzo Miguel, Carlos Alberto Miranda.

* Bunge & Born, que en 1973 demostró un conocimiento profundo sobre los preparativos del golpe contra Cámpora, se hizo cargo en 1989 de la política económica de Menem.

También admito que podrían presentarse ejemplos en contra de algunos enfoques que entonces me parecían incontestables. Unos y otros formarían parte de una historia más próxima, que no es el objeto de este libro.

11

Lo que hoy se reedita se ha convertido en un texto de historia y vuelvo a preguntarme a quién podrá interesarle. Pero aprendí que una década es tiempo suficiente para que otra camada de cachorros se lance a husmear en procura de todas las explicaciones.

Las páginas que ellos leerán no valen por mis opiniones de ayer o de hoy sino por la exactitud en la reconstrucción de lo sucedido, para que cada uno saque sus conclusiones, sobre los hechos y también sobre los juicios de valor y las personas. Por eso no tiene sentido corregir las afirmaciones que hoy no sostendría o que formularía de otro modo. Me basta con que se sepa que los protagonistas que murieron en los años posteriores a la primera edición (López Rega, Osinde, Iñíguez, Milosz Bogetic) no refutaron un sólo detalle del libro. Tampoco los que siguen vivos hoy.

La historia está sujeta a interpretaciones cambiantes. Los hechos son más mezquinos y la verdad es la mejor divisoria de aguas, aunque no sea política.

Introducción

La masacre de Ezeiza cierra un ciclo de la historia argentina y prefigura los años por venir. Es la gran representación del peronismo, el estallido de sus contradicciones de treinta años.

Es también uno de los momentos estelares de una tentativa inteligente y osada para aislar a las organizaciones revolucionarias del conjunto del pueblo, neutralizar al peronismo por medio de la confusión ideológica y el terror, y destruir toda forma de organización política de la clase obrera.

Ezeiza contiene en germen el gobierno de Isabel y López Rega, la AAA, el genocidio ejercido a partir del nuevo golpe militar de 1976, el eje militar-sindical en que el gran capital confía para el control de la Argentina.

El proyecto instaurado en 1955 mediante la penetración de los monopolios extranjeros que se apoderaron de los recursos económicos del país, desnacionalizaron las industrias, compraron bancos, asfixiaron regiones enteras, no había podido consolidarse en un régimen estable.

La clase trabajadora no podía plegarse, y no se plegó, a ese modelo que suponía la superexplotación, pese a las intervenciones y las cárceles del 55, los fusilamientos del 56, la integración del 58, la opción del 63, la dictadura del 66, el GAN del 71. En su máxima consigna, el regreso de Perón, resumía su decisión de que con él regresara un política antioligárquica y antiimperialista, mientras los demás sectores del frente roto en 1955 se alejaban en busca de otras alternativas políticas.

Esa negativa de los trabajadores es lo que convirtió al peronismo en el hecho maldito, la porción de nacionalidad irreductible a la dominación, el soporte de los planes de lucha gremial, las jornadas insurreccionales, y la guerrilla. Esas instancias desembocaron en el regreso de Perón en 1972 y el triunfo electoral del 11 de marzo de 1973.

Las fuerzas derrotadas en esos días históricos no estaban sin embargo destruidas, las clases dominantes no se habían suicidado. Antes que se extinguieran los ecos de los aplausos y las manifestaciones estaban poniendo en práctica el más lúcido de sus planes: integrar no ya un peronismo perseguido con su jefe exiliado y proscripto, sino al peronismo en el gobierno.

Durante quince años los Estados Unidos habían dedicado recursos y esfuerzos a la captación de los dirigentes sindicales peronistas, con los cursos y las becas del Instituto para el Desarrollo del Sindicalismo Libre, dirigido por la AFL-CIO y financiado por la AID con fondos de la CIA. Y uno de sus embajadores inició en España una relación directa con el entorno peronista, que luego continuaría en la Argentina.

La derecha peronista debía encargarse de impugnar los designios revolucionarios desde las apariencias de un nuevo frente nacional.

La masacre de Ezeiza es también un escalón fundamental en la aplicación de crecientes cuotas de terror contra la movilización popular, que desbordaba todos los esquemas y rompía todas las tentativas de sometimiento.

Tres pronunciamientos históricos guiaron a la clase trabajadora: los de La Falda y de Huerta Grande en 1962, emitidos por plenarios conjuntos de la CGT y las

62 Organizaciones Gremiales Peronistas, y el programa de la CGT de los Argentinos de 1968. En ellos se expresaron las reivindicaciones de la base obrera antes que las clases medias volvieran al peronismo, desde la izquierda revolucionaria, el nacionalismo católico o la mayoría silenciosa.

Incluían la planificación de la economía, la eliminación de los monopolios mercantiles, el control del comercio internacional y la ampliación y diversificación de sus mercados. La nacionalización del sistema bancario, el repudio a la deuda financiera contraída a espaldas del pueblo, la reforma agraria para que la tierra sea de quien la trabaja, formaban parte de esos programas que el peronismo enarboló en los años de adversidad y detrás de los cuales se encolumnó para conquistar el futuro. Contemplaban la protección arancelaria de la industria nacional, la consolidación de una industria pesada, la integración de las economías regionales, la nacionalización de los sectores básicos de la economía (siderurgia, petróleo, electricidad, frigoríficos), una política exterior independiente y de solidaridad con los pueblos oprimidos.

El 11 de marzo de 1973 el Frente Justicialista de Liberación sólo había llevado al triunfo un programa mínimo que no podía dejar de expresar sin embargo los objetivos básicos del peronismo, las aspiraciones populares que trascendían la formalidad de un acto electoral y que sólo podían ser satisfechas en el ejercicio real del poder. Esto implicaba un sueldo digno y un trabajo estable para todos, casa para los que no tenían casa, hospitales para los enfermos, justicia para los que nacieron o envejecieron bajo la injusticia.

Su instrumento necesario debía ser un Estado Popular donde participara la clase trabajadora decisivamente a partir de las estructuras que se había dado, y no de aquellas otras que la dictadura instrumentó para esterilizar sus luchas. Aparatos burocráticos, logias

15

reaccionarias, asociados con banqueros y generales no podían estructurar ese Estado, porque sus intereses se oponían a los del pueblo.

Las más claras exigencias históricas del peronismo se daban en la relación del Estado Popular con las Fuerzas Armadas, porque de tales relaciones dependía la existencia misma de semejante Estado. Un Ejército que hasta el 25 de mayo había combatido en el frente interno contra el pueblo, una Marina que nueve meses antes había ejecutado y justificado una masacre imperdonable, sólo hubiera podido ser una apoyatura real del gobierno peronista si se hubiera producido una profunda renovación de sus cuadros y su doctrina y el acceso generalizado a posiciones de mando de oficiales identificados con los objetivos de la Nación y subordinados a la voluntad del pueblo. No eran suficientes el general Jorge Carcagno y el coronel Juan Cesio, aislados en la punta de una pirámide hostil.

Estas eran las expectativas populares, pero había muchos equívocos que en Ezeiza se disiparían brutalmente. Dentro de la concepción de Comunidad Organizada, que Perón expuso por primera vez en un congreso de filosofía en la década del 40, la clase trabajadora necesita organización gremial pero no política, para actuar como factor de presión dentro de un sistema donde la decisión reside en el Estado árbitro. Por lo tanto no hay lugar en ella para la organización de la clase obrera como un poder en sí, que a través del control del Estado conquiste el poder total y lo ejerza, como se deducía de la práctica de los sectores más dinámicos del Movimiento, el sindicalismo combativo, la CGTA, la juventud, y de la teorización de las organizaciones armadas peronistas.

De estos sectores provinieron a partir de 1968 las acciones que forzaron a la dictadura a concebir una salida electoral que incluyera por primera vez al peronismo como una opción aceptable. Lo sucedido en Ezeiza el 20 de junio se resume así en la frase del discurso pronunciado por Perón la noche del 21: "Somos lo que dicen las 20 Verdades Justicialistas y nada más que eso". En ellas no cabía el programa socializante que el peronismo se dio en la oposición, cuando la soledad de la derrota lo redujo a poco más que su componente obrero. La proximidad del poder a partir del derrumbe de Onganía en 1970 volvió a ampliar el espectro representativo y generó contradicciones internas que deflagraron a partir del 25 de mayo con el regreso al gobierno, y dispersaron a las fuerzas contenidas, a partir del 20 de junio.

El hombre viejo y enfermo que descendió en la base militar de Morón no podía salvar ese abismo, conciliar las tendencias antagónicas que se mataban en su nombre. Intentó repetir su experiencia anterior sin advertir que el frente de 1946 había respondido a una coyuntura que no existía en 1973, y avaló a la derecha del Movimiento, lanzada en son de guerra contra quienes pedían coherencia desde el gobierno con los objetivos de transformación social profunda por los que se había peleado.

La izquierda peronista cometió errores que la condujeron indefensa al desfiladero del 20 de junio. Ignoraba que eran tan peronistas las posiciones de sus adversarios internos como las propias y planteó la pugna en términos de lealtad a un hombre cuyas ideas no conocía a fondo. No se detuvo a consolidar los avances conseguidos entre 1968 y 1973 ni a estudiar las reglas de juego de la nueva etapa. Imaginó que su mayor capacidad de movilización y organización de masas bastaría para inclinar la balanza en su favor frente a la dirigencia sindical burocrática. Creyó que sería posible compartir la conducción con Perón en cuanto éste reparara en su poder. Se acostumbró a interpretar la realidad política en términos de estrategia militar, pero no previó que se recurriría a las armas para frenar su marcha impetuosa. Concibió ubicar a los sobrevivientes de Trelew en el palco de Ezeiza junto al líder sin sospechar con qué munición serían repelidos sus forcejeos.

Fue a un tiempo prepotente e ingenua.

Los militares del Gran Acuerdo Nacional exhibieron mayor sabiduría política. No participaron directamente en la masacre, pero crearon las condiciones para su producción, apañaron sus preparativos y encubrieron a sus responsables, para que les desbrozaran el terreno de los obstáculos que ellos no podían remover.

En torno de la masacre de Ezeiza y de sus consecuencias comenzó a manifestarse la alianza entre la derecha peronista y la derecha no peronista, que tan clara se hizo durante el gobierno militar 1976-1983 y en los comienzos de la restauración constitucional.

El Rucci que en 1973 reúne y arma a todos estos sectores es precursor del Herminio Iglesias de la década siguiente. El mismo Julio Antún que en 1974 acompañó al coronel Navarro en el botonazo, recibirá la adhesión del general Camps en un acto peronista de 1985. El C de O y la CNU que Osinde puso sobre el palco de Ezeiza dieron sus hombres a los servicios militares de informaciones para el control de campos de concentración en la segunda mitad de la década del setenta, y para la intervención en Centroamérica decidida por la dictadura al empezar la del ochenta. Al peronista-reaccionario Osinde corresponde con simetría el reaccionario-peronista Acdel Vilas. Por eso el estudio de Ezeiza habla tanto del pasado como del presente, en el que el C de O sigue idolatrando al comisario Villar, y los diputados del minibloque peronista exaltan a Galtieri.

A pesar de los años transcurridos no se ha publicado ninguna investigación sobre la masacre de Ezeiza, que ha llegado a convertirse en nuestro mayor tabú político. La interpretación que en forma difusa se ha ido imponiendo es la de dos extremos irracionales que se masacran mutuamente, ante un pueblo ajeno a ambos que sólo quería asistir a una fiesta. La investigación que aquí se publica no demuestra esa hipótesis.

En este libro me propongo establecer:

* Que la masacre fue premeditada para desplazar a Cámpora y copar el poder.

* Que mientras unos montaron un operativo de guerra con miles de armas largas y automáticas, los otros marcharon con los palos de sus carteles, algunas cadenas, unos pocos revólveres y una sola ametralladora que no utilizaron.

* Que el grueso de las víctimas se originó en este segundo grupo.

* Que el número de muertos fue muy inferior al de las leyendas que aún circulan.

* Que los tiroteos más prolongados se entablaron por error entre grupos del mismo bando, ubicados en el palco y el Hogar Escuela, y que tomaron a la columna agredida entre dos fuegos.

* Que los tiradores ubicados sobre las tarimas en los árboles también respondían a la seguridad del acto.

* Que no hubo combate sino suplicio de indefensos.

* Es decir, que los masacradores lograron su propósito.

PRIMERA PARTE
LOS PREPARATIVOS

La botella de champagne

El 25 de mayo más de un millón de personas despidieron a gritos al último presidente del gobierno militar. Los carteles de los sindicatos, que las grúas municipales colgaron en la Plaza de Mayo quedaron en minoría ante las banderas y estandartes del otro sector que le disputaba el predominio: la Juventud Peronista, y las guerrillas de FAR y Montoneros.

La multitud impidió que el secretario de Estado norteamericano Willam Rogers, y el presidente del Uruguay Juan María Bordaberry pudieran llegar a la Casa de Gobierno, donde prestaba juramento Héctor Cámpora: pintó con aerosol los uniformes militares, ocupó el sitio en el que debían desfilar, y amenazó con un descontrol proporcional al rígido orden que el gobierno saliente había procurado imponer hasta su último día.

Cinco mil activistas de la JP provistos con brazaletes de tela tomaron la situación a su cargo, establecieron pautas para la circulación y áreas que debían ser respetadas. La jornada transcurrió con agitación pero sin incidentes graves. Fue el primero de una serie de días vertiginosos, en los que centenares de miles de personas se echaron a las calles. Rodeando la cárcel hasta que Cámpora firmara el indulto para los presos políticos o en columnas de miles, con sus banderas al aire, apare-

cían en una esquina cualquiera, daban sus vivas y continuaban hacia un destino impreciso.

Se estaba incubando un cataclismo.

Descolocado en la campaña electoral y en los albores del nuevo gobierno, el sector sindical lanzó su contraofensiva una semana después, con un par de solicitadas contra el "trotskysmo" y la "patria socialista", como eligió caracterizar a sus oponentes desde entonces.

Centenares de reparticiones públicas fueron ocupadas a partir de allí por los dos bandos. La Juventud Peronista había promovido una especie de revolución cultural para expulsar de sus cargos a funcionarios comprometidos con los gobiernos militares. La rama sindical replicó con las ocupaciones preventivas, "antes de que lleguen los trotskystas".

El 9 de junio, al cumplirse 17 años de los fusilamientos de 1956, las dos facciones se encontraron. La muerte de un dirigente gremial añadió fatalidad y encono a la contienda.

Ante la marea de ocupaciones que fue paralizando al país el gobierno de Cámpora no supo qué hacer, y nadie escuchó al secretario general peronista Juan M. Abal Medina cuando exhortó a detenerlas, ya demasiado tarde. El ministro del Interior declaró que cuando se acumula presión en una botella de champagne durante años, es suficiente quitar el corcho para que se derrame la espuma. Esteban Righi no disponía de buena información sobre el origen y el propósito de cada una de las ocupaciones, a las que se refería en conjunto e indiscriminadamente.

En uno de sus primeros actos de gobierno, Righi había pronunciado un acre mensaje ante la plana mayor de la Policía Federal, a la que compadeció por el rol de brazo armado de un régimen injusto que había desempeñado en los últimos años. En su bien inspirado discurso vibraban los mejores sentimientos de libertad, justicia y dignidad humana con los cuales el peronismo había enfrentado a las dictaduras militares y a los gobiernos civiles ilegítimos durante casi dos décadas. Righi fustigó a los policías torturadores y anunció que ningún abuso sería consentido.

Pasadas 48 horas sin que iniciaran las esperadas medidas de depuración, los policías señalados pasaron de la desolación a la resistencia. Pocos días después de su discurso, Righi se veía envuelto en una polémica con organismos fantasmas de oficiales de las policías Federal y Provincial de Buenos Aires, que lo atacaban con comunicados en los diarios y voceaban supuestos malestares en la tropa. Privado de la colaboración de la única fuerza armada que dependía de su Ministerio, Righi vivió casi a ciegas el proceso que en un mes condujo a la crisis y declinación del gobierno que integraba. La espuma de champagne se convirtió en lava de un volcán.

Ni yanquis ni marxistas

El 2 de junio *La Nación* editorializó sobre la "crisis inevitable entre el terrorismo de izquierda y las estructuras clásicas del peronismo". El mismo día, las 62 Organizaciones declararon que se planteaba "en términos dramáticos la crisis del peronismo clásico con las organizaciones subversivas". Casi las mismas palabras.

El 3, durante un asado servido en un campo de recreo del SMATA en Cañuelas, el delegado cubano al congreso de la CGT, Agapito Figueroa, pidió algo muy común en su tierra: un brindis por el Che Guevara. Fue interrumpido por gritos hostiles de "ni yanquis ni marxistas", que medían el clima de confrontación imperante, y Rucci dijo que "estamos en lucha con los imperialismos de derecha y de izquierda". El diario de las empresas extranjeras señaló que el gobierno contaba con "información interna proveniente de los años transcurridos en la oculta oposición al gobierno anterior, que hará que no sea difícil infiltrarse en las organizaciones terroristas que continúan operando".[1] El diario de los sindicatos afirmó que "quiénes no somos liberales ni marxistas sostenemos una vez más que el peronismo es nacional y no debe tolerar extorsiones de quiénes son sin duda sus enemigos".[2]

Las tomas impulsadas por la derecha peronista procuraban mejorar sus posiciones en cargos públicos frente al otro sector. Pero junto con los cementerios, las dependencias administrativas, los colegios, las fábricas, las universidades, las cooperativas, las colonias turísticas, los organismos científicos, los clubes, un reducido número de ocupaciones obedecía al propósito de asegurarse el control de todo tipo de comunicaciones.

En el Ministerio de Obras y Servicios Públicos fue expulsado a empujones el subsecretario Horacio Zubiri, y los ocupantes ofrecieron como reemplazante a Belisario Carrillo, compañero del capitán Roberto Chavarri en la Agrupación 20 de noviembre.

Los representantes de los sindicatos AATRA y FOECYT que tomaron la Secretaría de Comunicaciones notificaron que los respaldaba el secretario general de la CGT José Rucci, de lo cual dio fe el diputado nacional Carlos Gallo, un ex dirigente telefónico separado de su gremio y convertido en asesor político de la UOM.

Las radios fueron uno de los objetivos predilectos. En Córdoba la Juventud Sindical y el Centro de Acción y Adoctrinamiento adujeron la "infiltración marxista" para tomar LV3 y LW1. La Alianza Libertadora ocupó el canal 8 y las 62 Organizaciones LRA 7 y el edificio central de Correos, siempre contra "los infiltrados". En la Capital Federal una agrupación creada por el fotógrafo Manuel Damiano, quien había dirigido el Sindicato de Prensa antes de 1955, tomó LS6, LR2 y LR3, con diez filiales en el interior. En Rosario, la UOM, la UO-CRA y la Alianza Restauradora se apoderaron de LT2, LT3 y LT6 y prohibieron la difusión de discos de Horacio Guarany, Osvaldo Pugliese y Mercedes Sosa. En Olavarría, las 62 Organizaciones controlaron LU 32. En Bahía Blanca, LU7.

Los ocupantes del canal 7 de televisión, en la capital Federal, ordenaron en nombre del teniente coronel Jorge Osinde y de Rucci que sólo debían verse en la transmisión los carteles de los sindicatos y que no se realizaran encuadres del presidente Cámpora. Entre quienes probaron la persuasión de un caño empavonado sobre el responsable de la emisora, René Aure, estaba el comandante de Gendarmería Corres, padre de uno de los asesinos de la estudiante marplatense Silvia Filler en 1971. Leonardo Favio recogió instrucciones de no nombrar a otra mujer que Isabel Perón.

El comandante Corres y la Alianza Libertadora habían establecido su cuartel en el Teatro Municipal San Martín, que dependía del intendente interino Leopoldo Frenkel, amigo de Osinde y fundador del Comando de Planificación. En el mismo teatro realizó su congreso la hasta entonces desconocida Agrupación de Trabajadores de Prensa de Manuel Damiano. Su invitado de honor fue alguien cuya vinculación con la prensa se limitaba a la lectura del diario, y de quien nos ocuparemos más adelante: el general Miguel Angel Iñíguez.

Y un denominado Comando Militar de esa agrupación de supuestos periodistas se apoderó de Ferrocarriles Argentinos con ayuda del agente de la Inteligencia ferroviaria Fernando Francisco Manes. Integraban el comando los hermanos Juan Domingo, Raúl y Vicente López, José Arturo Sangiao, Eugenio Sarrabayrouse y Edmundo Orieta, los mismos que habían copado las tres radios en la Capital Federal.

Luego de ocupar los ferrocarriles echaron al director designado por el gobierno y propusieron en su reemplazo al general Raúl Tanco, viejo amigo de Iñíguez.

La agencia oficial de noticias Telam no hizo falta ocuparla, porque sus directivos eran Jorge Napp y el teniente coronel Jorge Obón, dos integrantes del COR del general Iñíguez. Lo único que faltaba era una central de comunicaciones moderna con puestos móviles. La proveerá el Automóvil Club, como ya veremos.

Obras Públicas, comunicaciones, radios y televisoras, unidades rodantes con central radial, ferrocarriles. Todo marcha como debe.

López & Martínez

En 1955 él cantaba boleros. Ella tocaba el piano y bailaba. José López tenía 39 años, María Martínez 24. Se verían por primera vez sólo once años más tarde.

Juan Domingo Perón, de 59, comenzaba su largo exilio. Pasó unos meses en Paraguay y siguió hasta Panamá. Allí conoció a Martínez, quien abandonó su compañía en gira y se quedó con él como secretaria. Después se casaron, en España.

Antes de ese encuentro sólo hay anodinos recuerdos de provincia: su nacimiento en La Rioja, hija de un alto funcionario de un banco oficial, sus buenas calificaciones en la escuela primaria, sus estudios de música, teatro y danzas. Perón recién recurrió a ella para una misión política al cabo de diez años, porque Augusto Vandor le discutía la conducción del peronismo y no confiaba en nadie para enfrentarlo. En 1966 la envió a la Argentina para representarlo en la campaña electoral por la gobernación de Mendoza.

Con una carpeta de recortes y una vieja fotografía que lo mostraba de uniforme trepado al auto descubierto de Perón, López se ofreció para integrar la custodia de Martínez. Su biografía no era menos desvaída. Hijo de un inmigrante español, jugó al fútbol, cantó en los bailes de un club del barrio de Saavedra, trabajó como peón en una fábrica textil, fue cabo de la policía, militó en un comité radical, se casó, tuvo una hija.

Los dos habían seguido parecidas líneas de fuga hacia regiones fantásticas, ella en un templo espiritista de Mataderos, él por medio de la magia blanca de Umbanda y la Logia Anael. Cuando Martínez concluyó su misión en Mendoza y Buenos Aires, López la siguió a España, donde las afinidades ocultistas le franquearon el acceso a la residencia de los Perón. A fines de 1966 ya trabajaba como asistente en Puerta de Hierro.

Perón había tenido un contacto previo con el jefe de la Logia Anael, el brasileño Menotti Carnicelli, y con su representante argentino el martillero Héctor Caviglia, quienes en 1950 le recabaron su apoyo para reponer en el gobierno a Getulio Vargas. Según Anael, Perón y Vargas debían realizar "la unión de las repúblicas de América para el dominio del mundo civilizado". Hitler y Mussolini habían venido a la tierra para "abrir camino a Perón y Getulio". Cuando los Estados Unidos se desmoronaran, la alianza de la Argentina y Brasil afirmaría en el tercer milenio una nueva humanidad.

La logia identificaba sus esquemas racistas con la emergencia política del Tercer Mundo. Asia, Africa y América eran los continentes sobre los que se fundaría el nuevo orden mundial. Formaban un triángulo y una sigla, de valor cabalístico: AAA.

Washington no se desplomó, Vargas se pegó un tiro en el palacio Catete en 1954, y Perón se desentendió de la logia esotérica que quería crear una iglesia nacional argentina, independiente de Roma.[3]

El sótano milenario

Al llegar a Madrid en 1966, López se ofreció a prolongar la vida de Perón. En una carta enviada a sus compañeros de Anael el 15 de julio escribió que "estamos en los albores de un nuevo ciclo de la humanidad, se está produciendo el balance final, y el barco carga aquello que está pronto a zarpar. Hubo 2000 años para prepararse. Yo veo a la distancia y tengo la enorme responsabilidad de controlar la pureza del embarque.

"Isabelita ha demostrado una vez más ser una gran mujer. Ha hablado tanto de nosotros al general y a los periodistas, que soy una especie de bicho raro.

"Hablé con el general de las publicaciones que pensamos editar para hacer la biblioteca peronista y me apoya plenamente. La señora percibirá el 50% de las ganancias como socia nuestra. Como podrán notar tenemos exclusividad de todo a través de Isabelita, quien con ese dinero no tendrá que depender de nadie.

"Las jerarquías del sótano milenario y las momias faraónicas están en plena actividad, luchando contra este pobre vigilante, contra esa niña flaca y rubia. La batalla es definitiva, y así se lo manifesté claramente al jefe. Le dije, entre otras cosas, que mi viaje no fue para acompañar a Isabel ni para descansar en su mansión. Vengo en busca de una definición y no me iré sin ella. Me pidió tiempo de su vida para dejar el movimiento en manos institucionalizadas y retirarse como filósofo patriarca de América".[4]

López fue primero custodio de Martínez, después su consejero, astrólogo y confesor, finalmente su exclusivo guía espiritual. Por la mañana trabajaba en una oficina de la Gran Vía en sus libros de astrología. Por la tarde en la quinta 17 de Octubre, supervisando el funcionamiento de la casa, las compras, las reparaciones.

En su *Astrología esotérica,* de 1970, escribió que a Perón le correspondía el acorde musical La, Sí, Mi2, que su destino obedecía a los perfumes zodiacales de la rosa y el clavel salmón, a cinco partes de color celeste y cinco

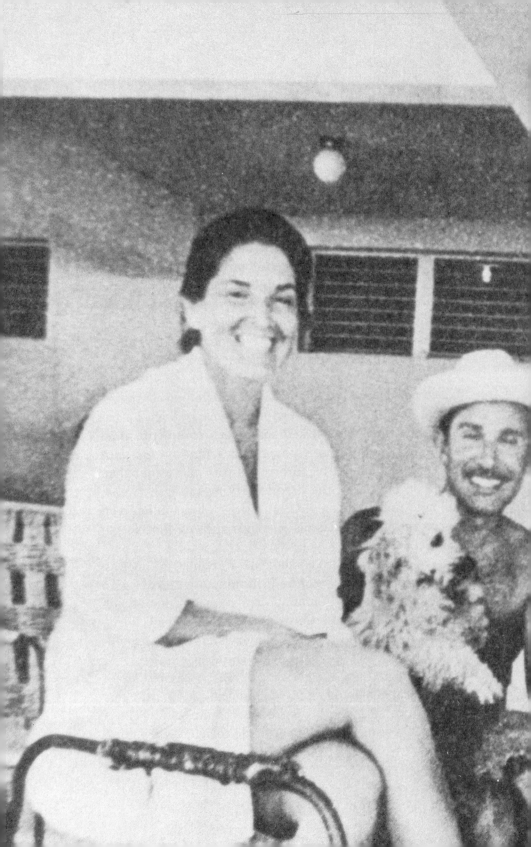

partes de gris, a las alteraciones de la vejiga, a los uréteres, el sistema vasomotor y la piel.

Al año siguiente ya llevaba el archivo de Perón y pasaba en limpio su correspondencia. Comenzó a tutear a los visitantes e inmiscuirse en las conversaciones de Perón con los jefes políticos y sindicales que lo visitaban. A su alrededor fue creciendo un discreto polo de poder en el peronismo, vía ideal para llegar con informes o dinero a la Puerta de Hierro para quienes no estaban en buenos tratos con los conductos formales. "Yo soy el pararrayos que detiene todos los males enviados a esta casa. Cada vez soy menos López Rega y cada vez soy más la salud del general", dijo un día de 1972.[5]

Los comerciantes argentinos Héctor Villalón y Jorge Antonio, quienes durante una década habían constituido la corte de Perón en Madrid, se quejaban ante cada visitante de los crecientes poderes de la sociedad López & Martínez, que les había clausurado la entrada a la residencia y filtraba las cartas y entrevistas de Perón. Villalón sabía que el único medio de comunicarse con Perón era el telex de la Puerta de Hierro, porque el ex presidente controlaba diariamente que no hubiera cortes en el rollo de la copia carbónica que quedaba en la máquina, atendida por el asistente de López Rega, José Miguel Vanni.

Había nacido el entorno.

El guitarrista malo de Gardel

Dos semanas antes de que López escribiera su carta a la logia, el general Juan Carlos Onganía había iniciado su Revolución Argentina. Intervino sindicatos, anuló leyes laborales, desnacionalizó bancos e industrias, intentó sin éxito extraer recursos del agro para modernizar el aparato productivo, reorganizó el Ejército que se volcó al frente interno según la doctrina de la Seguridad Nacional, y le subordinó las fuerzas policiales para controlar las fronteras ideológicas.

Onganía y sus dos sucesores castrenses, Roberto Levingston y Alejandro Lanusse, enfrentaron huelgas, movilizaciones, ocupaciones de fábricas, insurrecciones urbanas que llegaron paralizar capitales provinciales, como el cordobazo de 1969 o el rosariazo de 1970, el surgimiento de las guerrillas rurales y urbanas, peronistas y marxistas, un proceso electoral en 1971 y 1972, y por último los comicios de marzo de 1973.

En 1972 al salir de una reunión con Perón dos dirigentes de la Juventud Peronista fueron invitados por López a tomar un trago en el Hotel Monte Real, a pocas cuadras de la residencia.

"Gardel tenía dos guitarristas, uno muy bueno y otro muy malo", comenzó, para asombro de sus interlocutores.

"El bueno se separó de Gardel y se dedicó a dar conciertos. No le fue mal, pero pronto lo olvidaron. El malo, en cambio, se quedó con Gardel hasta el final, sobrevivió al accidente y también se dedicó a dar conciertos. Recorrió todo el país presentándose como el último guitarrista de Gardel, y los teatros se llenaban aunque tocara mal", siguió.

Sus acompañantes se acomodaron en la barra y cambiaron una fugaz mirada. López prosiguió:

"Lo mismo pasa con el general. En el peronismo hay muchos guitarristas buenos, pero nadie se acuerda de ellos. En cambio, la señora y yo somos el guitarrista malo de Gardel." Insinuación o advertencia, la parábola fue festejada con un brindis, y pronto olvidada.[6]

Otra vez, a instancias de Perón, López expuso una de sus teorías. Debido a las culpas de la oligarquía, un río de sangre seca circulaba bajo el subsuelo de la Argentina. Luego, a solas con los visitantes, añadió que

39

después de tomar el gobierno el peronismo necesitaría una milicia armada para reprimir a sus enemigos, e insistió en el importante futuro reservado a la esposa de Perón.[7]

Por entonces nadie los tomaba en serio. Cuando López hablaba, Perón sonreía.

El amigo americano

El embajador estadounidense en España escuchó con mayor atención al mayordomo escatológico. Robert Hill era accionista de la United Fruit y en 1954 había estado relacionado con la invasión a Guatemala y el derrocamiento de Jacobo Arbenz. Fue el hombre designado por el Departamento de Estado para penetrar la intimidad de Perón. Además de López, Hill tenía contacto con Milosz Bogetic, un ex coronel croata ustachi, que colaboró con los ocupantes nazis de su país, prófugo al terminar la Segunda Guerra Mundial, refugiado primero en la Argentina y luego colaborador del dictador dominicano Rafael Trujillo.

En 1973, cuando López se instaló cerca del poder en Buenos Aires, el Departamento de Estado trasladó a Hill de España a la Argentina para continuar la relación. Una de sus primeras actividades fue la firma de un convenio con López para la represión del tráfico de drogas, cobertura que se comenzaba a utilizar por entonces para las operaciones políticas encubiertas.

López reveló ante la prensa lo que debería haber guardado en reserva. En su discurso dijo que el combate contra las drogas formaba parte de un plan político, de lucha contra la subversión. Hill asintió en incómodo silencio.

Con asistencia técnica y financiera de los Estados Unidos comenzaba a organizarse la AAA, reedición del

42

Plan Phoenix, aplicado en Vietnam para suprimir a 10.000 opositores.

Su ensayo general se había escenificado pocos meses antes, el 20 de junio, en Ezeiza.

El plan policial

Al anunciarse el regreso de Perón la Policía Federal elaboró un detallado plan con cuatro objetivos: ordenar el tránsito de personas en el acto de recepción, asegurar la circulación y estacionamiento de vehículos, brindar seguridad al público y prevenir incendios o emergencias sanitarias.

Esta sensata programación, contenida en un expediente de 21 fojas, incluía relevamientos planimétricos y aerofotogramétricos, y contemplaba alternativas por si el acto debía suspenderse debido a condiciones meteorológicas o imprevistos que pusieran en peligro a la concurrencia o a las autoridades.

Las medidas de prevención y las áreas de responsabilidad sugeridas por la Policía Federal a lo largo de la avenida General Paz, el Camino de Cintura y la autopista Ricchieri; la disposición de efectivos de Tránsito, Policía Montada, Guardia de Infantería, Bomberos, Orden Urbano, Seguridad Metropolitana, Seguridad Federal, Comunicaciones, Investigaciones Criminales y Personal Técnico; las previsiones para alojar a eventuales detenidos y heridos; las formas de colaboración con Gendarmería, Municipalidad de Buenos Aires, Policía de la provincia de Buenos Aires y Fuerza Aérea, eran minuciosas y razonables. Carece de interés transcribirlas, por su carácter técnico, y porque no fueron esas las providencias desoídas que permitieron el desastre.

En cambio resultan esenciales las sugerencias que la Policía Federal formuló para el palco y que debían coordinarse con el Comité de Recepción. El informe proponía utilizar las columnas de iluminación que bordean el puente para cerrar el contorno del palco con un vallado hexagonal de 50 metros de radio. En su lado norte habría una sola abertura móvil, sobre camino asfáltico, para el descenso del helicóptero presidencial, a sólo 30 metros del estrado. La parte interna del vallado sería controlada por 1.200 policías especializados.

Los técnicos policiales vaticinaban que el público presionaría sobre la primera línea delante y detrás del palco y aconsejaban construir otro vallado externo al primero, siguiendo las cuatro hojas circulares que en forma de trébol circundaban el puente. Entre ambos vallados quedaría un corredor libre de unos 50 metros, por el que podrían desplazarse periodistas, fotógrafos y camarógrafos.

El punto más significativo del proyecto policial recomendaba que este vallado externo, que estaría en contacto directo con el público, fuera controlado por personas identificadas con brazaletes y designadas por el Comité de Recepción.

De este modo, los planificadores policiales preveían las aglomeraciones a ambos lados del palco, y sin empecinarse en una imposible prohibición de acercarse desde el aeropuerto, adoptaban precauciones para impedir desbordes. Estos recaudos debían estar a cargo de militantes políticos en la primera línea, y de personal policial en la segunda. Sin armas los primeros, cuya tarea era la persuasión. Preparados para actuar sólo en caso de extrema necesidad los segundos.

Este sencillo esquema no se compadecía con las atribuciones políticas que el comité encargado de los aspectos técnicos de la seguridad pretendía arrogarse. Así, el acceso por detrás del palco fue prohibido a los manifestantes, y los policías profesionales suplantados por militares retirados y activistas sindicales armados.

Su misión no era garantizar la seguridad del acto, sino el dominio en las posiciones de avanzada de los contingentes de sus organizaciones.

Si no lo lograban correría bala.

Un torturador

"Luego de manifestarle que tuviera entendido que desde ese momento la vida del dicente no tenía ningún valor, le aplicó un golpe sobre el lado izquierdo de la cara, fracturándole el segundo premolar del maxilar superior, luego lo empujó obligándolo a sentar en un sillón y colocándole la punta del pie derecho bajo el cuerpo, le indicó que declarara."[8]

En 1946 había terminado su curso de Inteligencia, y fue designado jefe de Contraespionaje del Servicio Secreto del Comando en Jefe del Ejército. Se desvelaba por estafadores rumanos, agentes soviéticos y norteamericanos, redes alemanas de información.

Pronto se ocuparía también de los argentinos. Primero organizó la Dirección de Coordinación de la Policía Federal y luego extendió su poder a los demás aparatos de informaciones del país. Desde Control de Estado manejaba simultáneamente los servicios militares y policiales.

En 1951 arrestó a un coronel y dos capitanes sublevados con el general Benjamín Menéndez: Rodolfo Larcher, Julio Alsogaray y Alejandro Lanusse, tres futuros comandantes en jefe. Democráticamente brindó a los tres militares el mismo tratamiento que el civil Rafael Douek describe en el comienzo de este capítulo.

Bombas en la Plaza

El 1° de mayo de 1953 estallaron varias bombas entre la gente reunida frente a la Casa de Gobierno para escuchar a Perón. Cuando fue designado al mando de la investigación ya era teniente coronel y tenía 40 años.

Los doce detenidos se acusaron unos a otros desde la primera sesión de picana, pero los castigos prosiguieron durante días. Su objeto no era arrancarles la confesión sino que se la aprendieran de memoria. En aquella época en que los derechos individuales estaban mejor protegidos, la declaración "espontánea" ante la policía carecía de valor legal.

Era preciso compaginar con las doce palinodias un solo cuento, que cada uno debía repetir en forma convincente ante Su Señoría.

El tenía su sistema mnemotécnico.

A Douek lo colocó bajo una lámpara de luz roja frente a una red, conectada a cuatro conductores eléctricos.

Si dos sectores de la red se rozaban, echaban chispas. "Detrás del dicente, dos personas comentaban entre sí y con el indudable propósito de intimidar al deponente, que sería desnudado y se le arrojaría la red encima".[9]

Cuando Alberto González Dogliotti contestó insatisfactoriamente una de sus preguntas, lo acometió "a golpes de puño en los oídos" mientras un comisario lo inmovilizaba, "circunstancia que le produjo una fuerte sordera".[10]

Al ingeniero Roque Carranza, futuro ministro de los presidentes Illia y Alfonsín, le dijo que le convenía "confesarse autor de los hechos, a fin de evitar consecuencias para el declarante, que podría alcanzar a sus familiares, cuya detención iba a ordenar en ese momento".[11]

Carranza se negó. Lo vendaron, lo desnudaron, lo sentaron en una silla, le ataron una toalla húmeda al tobillo y lo picanearon. Después el jefe de los torturadores lo instó a "hacer una confesión completa. El deponente manifestó entonces que firmaría lo que le pusieran delante con tal que terminaran los procedimientos y se liberaran a sus familiares".

El peronismo pagó por estas aberraciones, cuyo relato recorrió el mundo realimentando el mito de la dictadura fascista que durante la gestión del ex embajador Spruille Braden había difundido el Departamento de Estado de Washington.

Su sádica violencia era innecesaria para defender a un gobierno cuya fuerza emanaba del respaldo popular. La de sus camaradas de armas después de 1955 no fue menos cobarde, pero llenó con pragmatismo de clase una función racional, como único sustento posible de un poder ilegítimo.

La llovizna y la tempestad

Después de 1955 se benefició de la indiscriminada persecución contra el peronismo. Preso en un buque-cárcel pasó a ser uno más de los miles de humillados, y cuando Frondizi lo amnistió en 1958, nadie le pidió cuentas por sus delitos. Comparativamente parecían hechos menores, contradicciones secundarias, como una llovizna para quien ha padecido una tempestad.

En 1964 asumió como delegado militar durante los preparativos del primer retorno. Para construir algo también puede usarse bosta, decía Perón, y parecía sabio.

Compañero de promoción de los generales Onganía y Rauch, reconciliado con Lanusse y Alsogaray, socio del secuestrador del cadáver de Eva Perón, Moori Koenig, importador de mosaicos y mayólicas de lujo junto a Ciro Ahumada, fue uno de los candidatos de la derecha peronista a la sucesión de Jorge Paladino como delegado de Perón y candidato presidencial.

51

Cuando regresó de Madrid a fines de 1971 ungido una vez más como delegado militar lo esperaban en Ezeiza Norma López Rega de Lastiri, el capitán Horacio Farmache y Manuel de Anchorena. El hacendado del Movimiento Federal lo agasajó en la terraza de su piso en Buenos Aires, y brindó por él, "que será el sucesor de Perón".[12]

A mediados de 1972 viajó a Madrid con el encargo de Lanusse de convencer a Perón de que aceptara su proscripción como candidato para las elecciones de 1973. Al mismo tiempo el embajador Rojas Silveyra le prometió pagarle sus sueldos atrasados, restituirle sus bienes y asignarle tres mil dólares mensuales.

"Me llamó la atención porque la limosna era grande, y le pregunté qué querían a cambio", cuenta Perón.

—*Su participación en el Gran Acuerdo Nacional* —explicó el embajador.

—*Ah no, conmigo no cuenten. Yo estoy amortizado. Vivo los últimos años de mi vida, sin necesidades ni vanidades. Soy insobornable. Lo que ustedes tienen que hacer es dar una solución para el pobre pueblo argentino, con su millón y medio de desocupados. En ese caso yo me anoto hasta de peón* [13] —dice que dijo Perón.

En octubre pretendió negociar por su cuenta con el gobierno un plan de diez puntos para la Reconstrucción Nacional presentado por Perón. En noviembre dio seguridades a Lanusse de que Perón no volvería a la Argentina. Cuando el avión en que volvió estaba en el aire intentó desviarlo hacia el Uruguay.

Como jefe de seguridad de la residencia de Perón en Vicente López recurrió al Ejército para desalojar de las calles vecinas a quienes venían a saludar al ex presidente, e instalar un dispositivo intimidatorio con cañones antiaéreos, como si la casa fuera un blanco apetecido de alguna Fuerza Aérea enemiga.

Se opuso a la realización de las elecciones del 11 de

marzo y luego buscó empleo en el gobierno surgido de ellas. Aspiraba a dirigir una vez más los servicios de seguridad, pero López Rega le consiguió en el Ministerio de Bienestar Social la Secretaría de Deportes y Turismo, cargo bien excéntrico para un teniente coronel de Inteligencia.

Desde allí, en estrecho contacto con José Rucci, el teniente coronel Jorge Manuel Osinde organizó la custodia de López Rega y el operativo del 20 de junio.

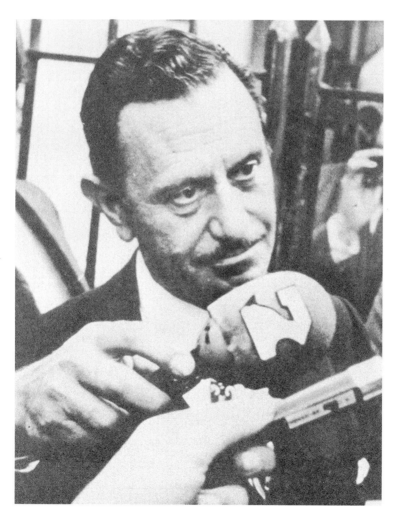

El brigadier discreto

De 1970 a 1973 el brigadier Héctor Luis Fautario fue jefe de Estado Mayor de la Fuerza Aérea, y luego hasta diciembre de 1975 su comandante en jefe. En 1974, a la muerte de Perón, definió públicamente la misión del gobierno de López & Martínez como una tarea de seguridad y desarrollo con inversiones extranjeras. Si el brigadier Jesús Capellini no hubiera sublevado el Alcazar de Morón para denunciar sus "indecencias administrativas" hubiera figurado sin rubor entre los firmantes de las actas moralizadoras del 24 de marzo, convirtiéndose en el único personaje de primer nivel que participara del ciclo completo iniciado en 1971 con el lanzamiento del Gran Acuerdo Nacional y concluido en marzo de 1976 con el golpe de Videla, Massera y Agosti. Sólo le faltaron 90 días.

Como edecán del ex presidente Cámpora, el vicecomodoro Tomás Eduardo Medina asistió a las reuniones de planificación del acto del 20 de junio de 1973, en las que Fautario tuvo un áspero choque con Osinde. El mismo Medina cuenta que por opinión unánime de los concurrentes las deliberaciones no fueron grabadas, lo cual dobla el valor de su testimonio, que se reproduce en la sección documental de este libro.

Al estilo de un diario personal, el vicecomodoro Medina relata las discusiones habidas entre el viernes 15 y el lunes 18 de junio.

Cámpora había viajado a Madrid para acompañar el regreso de Perón, y el vicepresidente en ejercicio Vicente Solano Lima convocó para una reunión en la Casa Rosada el sábado 16, en la cual se analizarían las medidas de seguridad para el aeropuerto de Ezeiza. El jefe conservador, a quien la cándida izquierda peronista siguió considerando uno de los suyos hasta el día de su muerte, dijo saber que la Juventud Peronista intentaría tomar por asalto las instalaciones aéreas.

El sábado por la mañana, Lima habló a solas con Fautario y le amplió la información.

—*Estoy muy preocupado* —le comentó luego el comandante al edecán aeronáutico.

El vicecomodoro Medina escuchó a su jefe anunciar:

—*En la reunión de esta tarde voy a exigir que se definan claramente las responsabilidades por la parte del acto que se desarrolla en el aeropuerto.*

La reunión se inició a las 19.30 en la Sala de Situación de la Presidencia. Lima contó que según su información la JP ocuparía el aeropuerto porque no confiaba en su jefe, el comodoro Salas, y pidió su opinión a los presentes: los ministros del Interior, Trabajo y Defensa; el jefe de la Policía Federal; el jefe de la Casa Militar de la Presidencia; el comandante en Jefe de la Fuerza Aérea; el Comandante de Regiones Aéreas y el encargado supremo de la seguridad, Jorge Osinde.

—*Cerca del palco voy a disponer un grupo de militantes de la Juventud sindical que me responden, que se va a encargar de contener cualquier exceso* —explicó Osinde.

También habló el jefe de la Policía Federal, general Heraclio Ferrazzano, y luego de un cambio de impresiones, Fautario hizo conocer sus temores:

—*Aquí no se ha tenido en cuenta la protección integral del aeropuerto. No hay prevista vigilancia ni al norte ni al suroeste del aeropuerto, que es la zona más vulnerable.*

56

Hizo notar que a 300 metros del palco había un instituto militar de la Fuerza Aérea que podría ser atacado y solicitó protección.

—*Tiene que ser protección policial, porque el personal militar no va a intervenir* —agregó.

—*¿No va a intervenir?*

—*No, salvo que se desborden los límites y penetren dentro del establecimiento.*

A raíz de estas observaciones de Fautario se acordó formar un grupo de trabajo que subsanara el déficit de seguridad. Esa comisión se reunió el domingo 17, y el lunes 18 formuló sus recomendaciones ante una nueva plenaria de la cual participaron además de los anteriores el Jefe de la Policía de la provincia de Buenos Aires, el Secretario de Informaciones del Estado, el Jefe de la Gendarmería Nacional, el Prefecto Nacional Marítimo y el Secretario General de la Presidencia.

El Jefe de la Casa Militar explicó de qué modo se protegería el perímetro del aeropuerto y las instalaciones que preocupaban a Fautario. Este no pareció convencido. Estaba inquieto por el transformador general del aeropuerto y formuló una pregunta clave, a los jefes de Policía y al de Gendarmería.

—*¿Qué hará cada fuerza de seguridad si el público avanza sobre el aeropuerto?*

La Policía Federal contestó que procuraría encauzarlo hacia lugares que no comprometieran la seguridad del acto y del aeropuerto, mediante pelotones móviles y agentes a caballo. La Gendarmería respondió que trataría de contener desbordes sin usar sus armas, porque con los escasos efectivos que se reunirían en torno del aeropuerto tal vez no fuera posible impedir la infiltración desde sur, norte y oeste.

—*Si la gente intenta acercarse al avión de Perón, la Policía de la provincia de Buenos Aires no tomará nin-*

guna actitud contraria a los deseos de la mayoría —declaró su representante.

Fautario había reservado para Osinde su última pregunta:

—*¿Qué medidas piensa adoptar si el público rebasa el palco?*

—*Esa es responsabilidad exclusivamente mía, y ya se han arbitrado todos los medios para que eso no ocurra* —contestó Osinde con fastidio.

Fautario admitió que el subsecretario de Deportes y Turismo lo excluyera con frase tan tajante de la discusión para la cual había sido convocado por el vicepresidente Lima. Pero dejó constancia de su desacuerdo:

—*A mi juicio no están dadas las condiciones que garanticen la normalidad del acto* —puntualizó.

Después de la masacre, cuando una comisión investigadora comenzó a reunir antecedentes para deslindar responsabilidades, Osinde se defendió arguyendo que nadie había objetado las medidas adoptadas. Era falso, pero pocas voces se alzaron para desmentirlo, y entre ellas no estuvo la del brigadier general Fautario.

Como técnico interesado en la preservación del aeropuerto y de las instalaciones a su cargo, Fautario percibió desde el comienzo la ineficiencia del plan de Osinde. Pero un comandante en jefe era, antes que un técnico, un político. Como tal, el brigadier Fautario fue muy discreto. No refutó los descargos de Osinde y aprobó la maniobra que debía culminar con el alejamiento de Cámpora.

Los militares que 25 días antes habían entregado el gobierno comprendieron que la masacre no les venía mal.

José

Se crió en un hogar de italianos pobres de Alcorta, en la provincia de Santa Fe. Durante el gobierno de Irigoyen, poco antes de su nacimiento, los chacareros del pueblo se habían rebelado. Se fue antes de cumplir los 20 años, porque la economía agraria tradicional estaba agotada y no había tierra ni trabajo ni porvenir para los jóvenes que crecieron en la Década Infame.

En Rosario se ganó la vida en la principal industria de la época. Limpiaba tripas en el frigorífico inglés y cuando no había trabajo vendía chocolates en los cines. Esa ciudad grande pero tan desoladora como Alcorta, apenas sede comercial y puerto de los productores rurales, tampoco era para él.

En 1943, temblando de frío, llegó a Buenos Aires en un camión de reparto del diario *El Mundo* a compartir un cuarto de pensión con otros muchachos provincianos. Lavó copas en una confitería, ascendió a mozo de mostrador, fue ayudante de cajero.

Hasta que aprendió a manejar el torno y se hizo obrero industrial.

Fue uno de los descamisados de los pequeños talleres y las fábricas medianas sobre las que Perón asentó su primer gobierno nacionalista y popular, con buenos sueldos para los trabajadores, crédito barato para las empresas, alto consumo y producción en aumento.[14]

Entre 1947 y 1954 trabajó en tres fábricas metalúrgicas que ya no existen: Ubertini, Catita y la Hispano Argentina, donde se producía la pistola Ballester Molina.

Al producirse el golpe de 1955 era delegado en Catita, y estuvo preso unos meses en la cárcel de Santa Rosa. Cuando los jefes sindicales del peronismo desertaron, fue uno de los jóvenes delegados con los que John William Cooke organizó la resistencia detrás del *Perón vuelve*.

En 1956 participó en el Congreso normalizador de la CGT que frustró el deseo del interventor naval Alberto Patrón Laplacette de contar con una central adicta, y en la fundación de las 62 Organizaciones. Además fue elegido secretario de prensa del sindicato metalúrgico de la Capital, cuyo secretario general era Augusto Vandor.

Tres años después volvió a la cárcel, cuando los metalúrgicos se solidarizaron con los obreros del frigorífico Lisandro de la Torre que el gobierno de Frondizi ordenó desalojar por el Ejército.

La única barrera

Cooke lo incluyó en una delegación obrera que se reunió con el Episcopado, en procura de recomponer las relaciones del peronismo con la Iglesia. En su informe posterior a Perón, Cooke narró que José había impresionado al cardenal Caggiano y a los obispos al advertirles que el peronismo era la única barrera contra la conversión de los trabajadores al comunismo.[15]

Reelecto varias veces como secretario de prensa de la UOM Capital, fue adscripto de Vandor en el Secretariado Nacional, interventor de la importante seccional de San Nicolás, y en 1970 secretario general de la CGT, el primer metalúrgico en ese cargo.

"¿La campera? Me costó 25 lucas. Un lujo de Secretario General" dirá a la revista *Primera Plana*. Cambia su viejo auto por un Chevy último modelo y se jacta de manejar a 140 km por hora. Declara que sus hijos estudian en colegios privados y que el mayor será abogado. Algunos fines de semana va a cabalgar al campo La Carona del hacendado Manuel de Anchorena, un nacionalista de derecha que penetra entonces en el permeable movimiento peronista.

El Comité Central Confederal de la CGT le encomienda reclamar al gobierno la libertad de Raimundo Ongaro y Agustín Tosco. Su interpretación de ese mandato es elástica: se queja ante el ministro de Interior porque el gobierno "fabrica mártires". Con él se instala el maccartismo como práctica diaria y decisiva en la conducción sindical. Ongaro y Tosco le parecen "provocadores" o "bolches", Rodolfo J. Walsh "un sucio marxista".

Vanidoso y desenfadado, no carece de perspicacia política. Fue de los primeros en percibir que después de 15 años de rechazo frontal el Ejército había revisado su política frente al peronismo y probaba una nueva estrategia. Los militares conducidos por Lanusse ofrecían el gobierno a quienquiera que acatara las grandes leyes del sistema: subordinación de los trabajadores, conservación de la propiedad agraria y el gran capital financiero e industrial, respeto a las jerarquías castrenses, alineamiento internacional con Occidente.

Ese juego no requería enfrentar a Perón, como había hecho Vandor, sino competir por el control de la clase trabajadora con la izquierda peronista y ganar el apoyo del ex presidente. El fraude en las elecciones internas, la intimidación a los opositores, la acción de grupos armados para simplificar cualquier debate no eran prácticas desconocidas, pero José les dio otra escala y una nueva dinámica. La derecha peronista pasó a alinearse con la derecha a secas.

Se rodeó de militantes fascistas y empleados menores de los servicios militares de información e hizo construir un polígono de tiro en la CGT para que practicaran. Organizó grupos de choque y se atrajo a los preexistentes, de los que luego se sirvió Osinde para la masacre: el Movimiento Federal, la Confederación Nacional Universitaria, la Agrupación 20 de Noviembre del partido de San Martín, la Alianza Libertadora, los Halcones.

En Mar del Plata se fotografió sonriente con Juan Carlos Gómez, asesino de la estudiante Silvia Filler con un arma de la marina. Del Paraguay repatrió al antiguo jefe de la Alianza, el nazi Juan Queraltó quien dirigía un night club en Asunción por donde pasaba el tráfico de drogas. En desacuerdo con la distribución de cargos en el nuevo Concejo Superior, sus guardaespaldas colocaron una pistola 45 en la cabeza de Cámpora.

Esta federación de bandas se completará con la Juventud Sindical, creada por José el 23 de febrero de 1973, dos semanas antes de las elecciones, que se presentó con una declaración de guerra contra "los ritos e ideologías foráneas que deforman el ser nacional". Un lenguaje que se haría familiar en los años siguientes.

La explicación de sus objetivos fue difundida por una de sus tribunas de doctrina. Dijo el diario *La Nación:* "Algunos observadores creen advertir en la formación de los grupos que se aprestan a ingresar en el escenario sindical una especie de antídoto o anticuerpo contra uno de los fenómenos típicos de esta época en el peronismo: la infiltración de formaciones de jóvenes fuertemente radicalizados en las distintas ramas que componen el Movimiento Justicialista". (Tres años después, en junio de 1976, el nuncio apostólico Pío Laghi citará al angélico y docto Santo Tomás para bendecir a las tropas del Ejército parangonadas con anticuerpos que combatían contra una invasión de organismos extraños y el canciller vicealmirante César Guzzeti recaerá en la metáfora de los anticuerpos para justificar el terror clandestino paraestatal.)[16]

Dieciséis sindicatos integraron el secretariado de la Juventud Sindical, cuya creación fue aprobada por Perón en Madrid. Ocho, su mesa directiva. Entre las secretarías figuraba una de Movilización y Seguridad. Comenzaba a gestarse la masacre del 20 de junio, el derrocamiento del futuro presidente Cámpora, los copamientos de gobiernos provinciales, las AAA.

Con cien activistas de cien sindicatos, concibió poner en pie de guerra e institucionalizar una policía interna del Movimiento Peronista. Había apostado a que la contradictoria unidad peronista se rompería violentamente. Cuando se produjo la masacre la justificó con osadía. "Si había armas era para usarlas", dijo José Ignacio Rucci.

El ministerio del pueblo

Cinco personas asumieron la responsabilidad de organizar la movilización del movimiento peronista hacia Ezeiza el 20 de junio: José Rucci, Lorenzo Miguel, Juan Manuel Abal Medina, Norma Kennedy y Jorge Manuel Osinde. En una cartilla con directivas generales, que distribuyeron días antes de la concentración, establecieron que las ramas sindical, femenina, política y juvenil se organizarían cada una a sí misma sin injerencia de las demás.

De este modo reconocían la crisis interna peronista, de antemano renunciaban a la tarea de coordinación de sectores que les correspondía, y la sustituían por una vaga exhortación a la paz y la concordia, sin discriminaciones y superando lo que llamaban "ocasionales diferencias". Para ello recomendaban evitar leyendas y estribillos agresivos capaces de provocar reacciones sectoriales, y advirtieron contra la posible presencia de "agentes provocadores que concurran y que la sombra de nuestro entusiasmo y nuestros cánticos pretendan producir desórdenes".

La cartilla

La cartilla imaginaba así el desarrollo del acto:
"El general Perón, su esposa señora Isabel de Pe-

rón, el compañero presidente Héctor J. Cámpora y el secretario privado y ministro de Bienestar Social, señor José López Rega, llegarán al lugar en helicóptero y ocuparán el palco de Honor."

"Al divisarse el helicóptero el general Perón será recibido con el flamear de banderas argentinas y agitar de pañuelos."

"El acto se iniciará con el Himno Nacional y suelta de palomas. Posteriormente se entonará la marcha peronista."

"El pueblo concentrado para dar la bienvenida al general Perón expresará su adhesión con el grito unánime: la vida por Perón, la patria de Perón."

"Se guardará un minuto de silencio en homenaje a la jefa espiritual de la Nación, la compañera Evita, y por los mártires caídos en la lucha por la liberación de la Patria. En esta oportunidad serán arriadas las banderas y estandartes de todas las agrupaciones, para posibilitar la visual de todos los compañeros encolumnados."

"El general Perón pronunciará un mensaje al pueblo."

El resto de la cartilla explicaba detalles organizativos de la concentración: rutas de acceso, estacionamiento de vehículos, conservación del orden, embanderamiento, red de altoparlantes, comunicaciones, puestos hospitalarios, de primeros auxilios y ambulancias, alimentación, instalación de mil fogatas para que las caravanas del interior pasaran la noche, ubicación de baños de emergencia, ornamentación del palco, desfile y desconcentración.

El 19 de junio, en su comunicado número 5, la Comisión se pronunció dando por resuelto otro tema que era motivo de discusión en el peronismo: decidió que las Fuerzas Armadas ya estaban "integradas al proceso de liberación y reconstrucción nacional" y anunció que rendirían honores en el acto.

Formada por cuatro representantes de un sector y

uno solo del otro, la Comisión creyó posible resolver por vía administrativa contradicciones profundas, reclamando sumisión política disfrazada de disposiciones técnicas.

Pero además de las ingenuas recomendaciones de la cartilla, consiguió centralizar la organización y marginar al gobierno. Una comisión oficial, nombrada por el decreto 210/73, debía coordinar su labor con la de los cinco. La integraban el Presidente y el Vice, todos los ministros, el Secretario de Prensa y Difusión y el Presidente de la Cámara de Diputados. Osinde logró que no pasara de cumplir funciones protocolares, lo mismo que el comité de recepción que debía dar la bienvenida a Perón en suelo argentino, compuesto por los vicepresidentes de la Nación, del Senado, de Diputados y los ministros del Interior, de Cultura y Educación, de Hacienda y Finanzas, de Trabajo, de Defensa, y de Justicia.

Desde el primer momento Osinde despejó las dudas acerca de quién mandaba. Inicialmente la concentración debía realizarse en el Autódromo de Buenos Aires, pero el Secretario de Deportes lo objetó y dispuso que los preparativos se trasladaran al puente El Trébol, a tres kilómetros del aeropuerto internacional de Ezeiza. Cámpora propuso luego que Perón se trasladara de Ezeiza a la Casa Rosada y de allí a la Residencia Presidencial de Olivos. Osinde y Norma Kennedy se opusieron, invocando órdenes de Madrid y decidieron que Perón se desplazaría de Ezeiza a su casa de la calle Gaspar Campos, en Vicente López. A pedido de Cámpora, los otros asesores militares que habían participado en el primer retorno de Perón, el brigadier Arturo Pons Bedoya y el capitán de navío Ricardo Anzorena, como Osinde peronistas históricos retirados por los golpistas de 1955, sugirieron que para escapar a las pasiones encontradas que conmovían al movimiento la custodia de Perón se encomendara al regimiento escolta del Presidente, los Granaderos a Caballo de San Martín. Osinde lo vetó, con el apoyo del general Miguel Angel Iñíguez, aduciendo que no podía entregarse la figura de Perón a los militares que lo habían derrocado y perseguido y aludiendo una vez más a los presuntos deseos de Perón. Esas indicaciones de Madrid, según Osinde y Kennedy, llegaron por una línea directa de télex instalada en el Ministerio de Bienestar Social. Desde entonces, sólo se acataron las indicaciones impartidas por la comisión que Osinde integraba con Kennedy, Miguel, Rucci y Abal.

Para ello todavía fue necesario subrogar a otro organismo, una "Coordinadora para la movilización para el retorno del general Perón", a la que la Comisión Nacional encabezada por Cámpora había encomendado disponer de los recursos físicos y humanos del ministerio en las áreas de Salud, Movilidad y Prensa.[17]

Según las previsiones, el área de Salud instalaría 117 puestos fijos y móviles y 7 hospitales de campaña, y coordinaría los servicios de todos los hospitales del área metropolitana y los de emergencia, además de ofrecer viandas a los manifestantes que llegaran del interior. El área de Movilidad dispondría de vehículos para trasladar manifestantes desde barrios y villas. El área de Prensa prepararía una cartilla sanitaria, con recomendaciones a los asistentes y organizadores: evitar aglomeraciones, portar documentos, llevar ponchos y frazadas, no ingerir alcohol ni alimentos pesados, cuidar especialmente de niños y ancianos.[18]

Ninguno de estos planes se cumplió.

El 7 de junio la Comisión Nacional que presidía Cámpora fue sustituida a todos los efectos prácticos por la que encabezaba Osinde, quien creó en Bienestar Social una Subcomisión de Seguridad, asignó la de Movilidad al diputado nacional Alberto Brito Lima, jefe del beligerante Comando de Organización, y reservó la de Salud a la Coordinadora.

Tampoco en el aspecto sanitario la Coordinadora

fue tomada en cuenta. Norma Kennedy le exigió que abandonara el operativo previsto para Perón e Isabel, aduciendo que era superfluo y que "daba lugar a falsas interpretaciones sobre la salud del general".[19]

La Subcomisión de Movilidad se apropió de los vehículos disponibles sin rendir cuentas sobre su uso. La Coordinadora había relevado la existencia de 72 ambulancias para la cobertura sanitaria, pero el 15 de junio se le informó que sólo podría contar con 17, y en la madrugada del 20 recibió los vehículos sin nafta ni aceite. En una ambulancia llegaron a viajar 16 médicos y enfermeras.[20] Del total hipotético de 68, el 10 de junio sólo aparecieron 20.

La disputa por las ambulancias y los vehículos culminó un día antes de la concentración, cuando 15 hombres exhibieron una orden firmada por Osinde para que se les entregara todo el material rodante de la playa de estacionamiento del Ministerio. Además del papel recurrieron a otros argumentos menos burocráticos. Los quince estaban armados y no les interesaba disimularlo.[21]

También fue asaltado el depósito de alimentos de la calle Brandsen 2665 por personas que se identificaron como integrantes de la Agrupación 17 de Octubre, del MBS. De las oficinas de la Coordinadora fueron sustraídos 150 brazaletes que se habían impreso para facilitar la tarea de sus miembros y colaboradores. La misma Agrupación 17 de Octubre ocupó a última hora del día 19 las piletas olímpicas de Ezeiza, donde se alojaban personas venidas del interior. Allí llegó durante la madrugada otro grupo con brazaletes del C de O, en busca de colchones, frazadas y comida.

No tuvieron mejor suerte los funcionarios de la Coordinadora destacados en el Autódromo. Todas sus disposiciones fueron desatendidas y revocadas por personas con armas largas y brazaletes del Comando de Organización y la Juventud Sindical, que efectuaron tareas de identificación en la puerta del Autódromo, y por otras de la Unión Obrera de la Construcción, el Sindicato de Obreros y Empleados Municipales y la Agrupación 17 de Octubre del MBS. Dijeron que eran custodios del palco designados por el teniente coronel Osinde.[22]

El Hogar Escuela y el Policlínico de Ezeiza, que según lo acordado debía funcionar como retaguardia hospitalaria del operativo sanitario, había sido ocupado varios días antes por el C de O, como ya veremos. El 20 de junio los ocupantes del Policlínico ni siquiera entregaron los medicamentos que la Coordinadora les requirió.

El operativo sanitario estaba dirigido desde una central radioeléctrica operada por la Coordinadora, pero a partir de las 15 del 20 de junio, ya comenzados los tiroteos, los móviles quedaron fuera de banda y los subordinados de Osinde tomaron las comunicaciones hasta las 19, con lo cual la red sanitaria quedó desarticulada, en los momentos en que más se precisaba de una conducción racional.[23]

Un general golpista

De origen vasco navarro, hijo de un terrateniente y militar salteño, hizo de su vida una conspiración.

En 1951 junto con otros militares católicos estuvo vinculado a la primera conjura del general Eduardo Lonardi contra la candidatura de Eva Perón a la vicepresidencia, que promovía la CGT. Uno de los dirigentes de la Revolución Libertadora se refiere a él con simpatía. "Oficial apenas peronista", lo llama.[24]

El movimiento no estalló, Lonardi pidió el retiro y él se replegó, convencido de la invulnerabilidad de Perón, menos interesado que nunca en la política. Se concentró en su carrera y llegó a general en 1954, el más joven de su época.

En 1955 fue uno de los pocos oficiales superiores que pelearon contra la rebelión de setiembre, aunque en cuanto las hostilidades progresaron pactó con los insurrectos el abandono de sus posiciones en Alta Córdoba. Hostigado por los comandos civiles, recibió a un emisario a quien le expresó su "gran consideración y respeto" por Lonardi. Ofreció retirarse del teatro de operaciones siempre que no lo atacara.[25]

Su gesto fue retribuido con la conservación del grado y el uso del uniforme después de que una junta de generales negociara con Lonardi y Rojas el alejamiento de Perón. Integraba la junta su amigo Raúl Tanco.

Jefe de Estado Mayor del alzamiento peronista del general Juan José Valle, fue delatado y aprehendido antes del 9 de junio de 1956 y pasó seis meses arrestado. Al recuperar la libertad se unió a Lonardi, el general Justo León Bengoa, Raúl Damonte Taborda, los hermanos Bruno y Tulio Jacovella, el pequeño grupo de nacionalistas que había conspirado contra Perón y que una vez desplazado por el golpe liberal de Aramburu, buscaba contacto y votos peronistas. Jacovella lanzó a fines de 1957 en la revista *Mayoría* su candidatura presidencial acompañado de Andrés Framini. Framini la desmintió de inmediato porque los peronistas tenían un solo candidato, pero él no. Vinculado con el general Eduardo Señorans, con Jorge Paladino, estaba dispuesto al juego electoral con una boleta neoperonista, porque no había reunido fuerzas suficientes para golpear contra Aramburu.

A fines de 1958 se acercó al general Sánchez Toranzo, designado por Perón, y abdicó de su período lonardista. En 1959 dirigía la Central de Operaciones de la Resistencia, el COR, junto con el comodoro Luis La Puente y el almirante Guillermo Brown. Desde allí participó en las acciones contra el gobierno de Frondizi y el plan Conintes, en contacto con una generación de sindicalistas jóvenes, como Rucci, que aún no había descubierto el encanto de las libretas de cheques.

Resistencia y guerrillas

Su concepción era verticalista, jerárquica. En el COR había células de oficiales y de suboficiales separadas, y un elevado porcentaje de agentes por lo menos dobles.

Desde setiembre de 1959 Manuel Enrique Mena, El Uturunco, analizaba con él una ofensiva general, que combinara la resistencia obrera en las ciudades con la sublevación de algunas unidades militares y el surgimiento de las primeras guerrillas peronistas en el norte. Pero ante sus dilaciones, Mena comenzó las operaciones en Tucumán sin su apoyo.

Por una carta a Frondizi en defensa de Perón, perdió el uso del grado y del uniforme, y el último día de noviembre de 1960 dirigió el asalto al Regimiento XI de Infantería de Rosario, en una operación coordinada con grupos de civiles que en Buenos Aires y Salta debían cortar cables, volar centrales, interrumpir las comunicaciones del gobierno. Cuando la acción fracasó, huyó al Paraguay junto con el capitán Antonio Campos. En Salta el golpe fue comandado por el teniente coronel Augusto Eduardo Escudé y consistió en el copamiento de la radio de YPF, la policía, el aeródromo, la estación ferroviaria.

La técnica clásica del golpe de Estado, que procura asegurar el control absoluto de las comunicaciones para servirse de ellas y privárselas al enemigo, lo apasionaba más que el objetivo político.

Los militantes obreros que cayeron presos luego de su fuga recuerdan que existían dos planes para el golpe de 1960. Uno consistía en copar el regimiento y esperar pronunciamientos militares del resto del país. El otro añadía al esquema castrense la toma del arsenal San Lorenzo, en Puerto Borghi, para entregar sus armas al pueblo. A último momento decidió que los cuatro tanquistas encargados de tomar el arsenal marcharan a Tartagal, Salta, donde no había tanques ni arsenales para saquear.

Su visión estrecha de lo militar, el temor a un desborde del pueblo, perjudicó la lucha del conjunto.

En 1964 el gobierno radical de Arturo Illia lo acusó de actos de terrorismo. Luego de una conferencia de prensa se presentó a la justicia. Pero no a la civil, que lo reclamaba, sino a la militar. Confiaba en sus camaradas de armas.

El 9 de junio de 1969 volvió a conspirar con los generales Rauch, Labanca y Uriburu y con algún apoyo sindical. El proyecto abortó porque la CGT de los Argentinos exigió que se reconociera el liderazgo de Perón y se entregaran armas a sus activistas. Los militares se negaron.

En diciembre de 1970, con sus socios Pedro Michelini y Osvaldo Dighero, emitió una proclama contra La Hora del Pueblo que Perón acababa de crear, y en noviembre de 1971, apoyado por Jorge Antonio, se ofreció para reemplazar como delegado personal de Perón al cesante Jorge Paladino.

Cuando Perón prefirió a Héctor Cámpora, no se resignó. En mayo de 1972 acompañó el intento del general Labanca en Tucumán, donde uno de los detenidos fue su compañero de 1960, el teniente coronel Escudé.

¿Milicias populares?

Inmune a la experiencia de la Revolución Argentina que había contribuido a instaurar, sostuvo en una revista de Jorge Antonio que la Fuerzas Armadas debían jugar un papel moderador para no ser reemplazadas por milicias populares, su obsesión.[26]

En Madrid analizó con el embajador argentino, brigadier Rojas Silveyra, la cuestión de la guerrilla, que según el diario *Clarín,* quitaba el sueño a los dos militares. En una circular a los generales, Lanusse reveló que le había sugerido que se perpetuara en el gobierno. Negó la versión de Lanusse, pero no sus entrevistas con él.[27]

En cambio, cuando a menos de un mes de las elecciones presidenciales *Clarín* sugirió que él podría reemplazar al candidato Héctor Cámpora, no se produjo ninguna rectificación. La versión la habían lanzado sus amigos.

Públicos fueron sus encuentros no desmentidos con los generales Onganía, Levingston, Lanusse, Sánchez de Bustamante, Pomar, Della Crocce. Azules o colorados, peronistas o antiperonistas, católicos o liberales, simpatizaba con todos los militares. En enero de 1973 un vocero del Servicio de Informaciones Navales reveló un nuevo complot suyo, esta vez en sociedad con Osinde. La técnica era la de siempre: ocupar radios, centrales eléctricas, interrumpir la provisión de agua, gas, energía. Según el vocero el plan se aplicaría si el gobierno interrumpía el proceso electoral antes de los comicios del 11 de marzo.[28]

Las elecciones se realizaron normalmente, pero no impidieron el golpe anunciado por la fuente naval, pese a la victoria peronista.

El COR invitó a Cámpora y Lima a una comida por la victoria. Ni fueron, ni avisaron que no irían, ni acusaron recibo de la invitación.

A raíz del desaire el COR amenazó con represalias si no se le otorgaban los servicios de informaciones a sus candidatos.

En junio de 1973 tenía 64 años. Nadie podía negar que había luchado. Sintió que sus desvelos no eran recompensados en la hora de la victoria y volvió a la acción, con el único método que conocía.

El 23 de junio *La Nación* afirmó que sería designado ministro de Interior. El 25 lo repitió *Mayoría,* el diario de su amigo Jacovella. Ese fue uno de los botines que apetecían los autores de la masacre, pero no el único ni el principal.

Golpista en 1951 contra Perón, en 1957 contra Aramburu, en 1960 contra Frondizi, en 1964 contra Illia, en 1969 contra Onganía, en 1972 contra Lanusse. Esta-

mos hablando de un técnico enamorado de su oficio, el general golpista Miguel Angel Iñíguez Aybar.

El 19 de junio emitió su proclama, desde el Sindicato del Seguro. Denunció la infiltración izquierdista en el peronismo y añoró los buenos tiempos de la alianza entre las Fuerzas Armadas, la jerarquía eclesiástica y la dirigencia sindical.

El COR había cambiado de nombre. Ya no era Central de Operaciones de la Resistencia, sino Comando de Orientación Revolucionaria. Pero su discurso no se había modificado.

El 20 de junio actuó como un cuerpo especial de seguridad[29], dirigido por Iñíguez, quien centralizó la información desde un organismo cercano a la Plaza de Mayo[30], y sus miembros se comunicaban por radio con su número y la sigla COR.[31]

Su misión fue detectar a las columnas que avanzaban y advertir radialmente su composición para que las ametrallaran desde el palco oficial. Después marcharon a ocupar la Casa de Gobierno.

Los fierros

Una de las incógnitas que persistieron después de la masacre fue quiénes eran los guardias verdes de Osinde y de dónde provenían las armas que emplearon.

Al descartar a los 1.200 hombres de civil de la Policía Federal para la custodia del palco, Osinde decidió reemplazarlos con una cantidad muy superior de activistas sindicales.

Para el primer vallado de contención solicitó a la CGT que dispusiera de medio millón de hombres. No se los consiguieron. Se acordó entonces reducir la cifra a 300.000 hombres. La CGT tampoco pudo cumplir este segundo pedido de Osinde. Convinieron que serían 200.000, y así lo informó Osinde en una de las reuniones de la comisión organizadora con el vicepresidente en ejercicio Lima. Por último fueron diez veces menos, y en esa penuria de los sindicalistas para movilizar a sus afiliados debe buscarse una de las causas de la masacre.

En la segunda línea, rodeando el palco de honor reservado a Perón, Osinde ubicó a 3.000 hombres de confianza, "personal de seguridad", según comunicó a la comisión investigadora.[32] Semejante aparato no pudo reclutarse, adiestrarse y pertrecharse en un día. La tarea de Osinde había comenzado varios meses atrás, por indicación de López & Martínez, con la colaboración de Norma Kennedy, Alberto Brito Lima y Manuel Damiano. Osinde conversó con las distintas líneas peronistas derrotadas en las elecciones internas, garantizó al gobierno militar saliente que el peronismo no seguiría un rumbo revolucionario, inventarió los diversos grupos de choque de la derecha, comprometió a guardaespaldas y pistoleros, extendió el reclutamiento a los servicios de informaciones y los círculos de suboficiales.

El 25 de mayo Osinde juró como secretario de Deportes y Turismo. En los primeros días de junio el Ministerio de Bienestar Social del que dependía, fue ocupado a punta de pistola por la banda de los ex policías Juan Ramón Morales y Rodolfo Almirón. Este fue uno de los grupos que actuó el 20 de junio, con armas propias.

La triple A

El subcomisario Morales y el subinspector Almirón habían sido dados de baja deshonrosamente de la Policía Federal, procesados y encarcelados por ladrones, coimeros, contrabandistas, traficantes de drogas y tratantes de blancas.

A comienzos de la década del sesenta, Morales era jefe de la Brigada de Delitos Federales de la Policía Federal, y su banda asociada con la de Miguel Prieto, alias *El loco*, cubría todas las especialidades. Descubiertos merced a la infidencia de uno de sus subordinados y a la detención en flagrante delito del suboficial Edwin Farquarsohn, Morales y Almirón sellaron los labios de sus cómplices con un sistema que en la década siguiente aplicaron a la lucha política.

Adolfo Caviglia y su mujer Julia Fernández, Luis Bayo, Morucci, Emilio Abud, Alfonso Guido, Fleytas, Máximo Ocampo, son algunos de los antiguos socios de Morales y Almirón que aparecieron en basurales y bal-

82

díos con centenares de perforaciones de bala y las manos atadas y quemadas. Al Loco Prieto lo suicidaron en la cárcel de Devoto tirándole un calentador en llamas para quemarlo vivo.

Dados de baja de la Federal, procesados ante el juez González Bonorino, encarcelados y luego excarcelados, la absolución no probó que fueran inocentes de los delitos que como policías debían combatir, sino la eficacia del método utilizado para imponer silencio a los testigos y suprimir pruebas. En 1968 Morales volvió a caer y fue procesado por robo y contrabando de automóviles.

Almirón tiene además un antecedente notable: su intervención en el asesinato del teniente de la Armada estadounidense Earl Davis, el 9 de junio de 1964 en una boite de Olivos. ¿Qué hacía junto al oficial de la US Navy, cuál fue la causa del litigio? Davis no puede decirlo, y Almirón no quiere.

Junto con Morales y Almirón, López Rega y Osinde llevaron al Ministerio de Bienestar Social al comisario Alberto Villar, un experto que durante los gobiernos de los generales Juan Onganía, Roberto Levingston y Alejandro Lanusse organizó las brigadas antiguerrilleras de la Policía Federal.

La lección de anatomía

En 1971 Villar fue enviado con sus tropas a Córdoba para reprimir huelgas y movilizaciones. Sus hombres detuvieron frente a la delegación de la Policía Federal a un ciudadano cordobés que no vio a tiempo las vallas que desviaban el tránsito. Lo subieron a un carro de asalto, le propinaron una lección de anatomía y lo instruyeron en la utilidad de las herramientas básicas del oficio policial. Antes de devolverlo a la circulación le demostraron por qué conviene que sólo el extremo apagado del cigarillo tome contacto con el fumador, y redujeron sus documentos de identidad a un montón de papelitos. El ciudadano hizo la denuncia a la policía provincial.

Con las sirenas de las motocicletas y carros de asalto conectadas Villar y su tropa rodearon la comisaría de la policía cordobesa donde el discípulo involuntario había impugnado la concepción pedagógica de los federales.

Entraron en tropel, con escopetas y ametralladoras en mano.

—*¿Dónde está el expediente?* —apremió Villar.

—*Ya fue remitido al juez* —contestó su colega provinciano.

—*Yo te voy a dar juez, cabrón.*

Villar abofeteó al comisario cordobés y le arrancó las insignias del uniforme, mientras sus hombres golpeaban a los policías provinciales, rompían muebles, embolsillaban elementos prácticos como sellos y hojas con membrete, y cargaban sus vehículos con equipos de comunicaciones.

El robo de las radios demoró el conocimiento de lo sucedido, pero no lo impidió.

La noticia corrió de comisaría en comisaría y la policía cordobesa buscó el desquite. Los federales se atrincheraron en su parque y con sus vehículos formaron un círculo como los que John Wayne y Gary Gooper tendían diestramente con las carretas en el cine. Los cordobeses los rodearon, al estilo de los indios de celuloide, y los dos bandos se apuntaron con sus armas de guerra hasta que el Cuerpo III de Ejército interrumpió la película y ordenó replegarse a los sitiadores.

Un juez federal de Córdoba procesó a Villar y su plana mayor, hasta que el sumario se deslizó hacia el limbo de la justicia militar, cuando el precursor general Alcidez López Aufranc argumentó que Córdoba era en ese momento zona de emergencia bajo jurisdicción castrense y que el incidente había ocurrido mientras los federales estaban en acto de servicio a órdenes de su Comando.

El jefe de la Policía Federal, general Jorge Cáceres Monié, presentó sus excusas al de la policía de Córdoba, teniente coronel Rodolfo Latella Frías, y suspendió los actos celebratorios del sesquicentenario de la PF afirmando en una declaración oficial que la actuación de Villar había enlodado los 150 años de su trayectoria.

Pero ni López Aufranc ni Cáceres Monié estaban realmente dispuestos a castigar a Villar, quien pasó a disponibilidad. Reapareció públicamente en agosto de 1972, ya premiado con un ascenso, al frente de las tanquetas Shortland que derribaron la puerta de la sede del Partido Justicialista para secuestrar los cadáveres de los fusilados en Trelew que eran velados allí e impedir que la autopsia ratificara que habían sido ejecutados a quemarropa.

Cámpora lo pasó a retiro en mayo de 1973, pero López Rega y Osinde le consiguieron nuevo empleo en junio.

Así nació la AAA.

Los topos

Dos funcionarios del gobierno de Lanusse habían apoyado a Villar, Morales y Almirón en la ocupación del Ministerio de Bienestar Social: Jaime Lemos y Oscar Sostaita, fundadores de una apresurada Agrupación 17 de Octubre. Ambos habían colaborado con Manrique en la oficina política del Ministerio, y cuando Antonio Cafiero fue designado en la Caja Nacional de Ahorro y Seguro, Sostaita fue su colaborador. Entre los tiradores identificados en fotos periodísticas de Ezeiza figura también Javier Mora Ibarreche de Vasconcellos, empleado de la secretaría privada de Manrique y de López Rega.

En la Policía Federal, Osinde tenía otra cadena de

contactos, con el coronel (R) Fernando González, ex interventor justicialista en la provincia de Buenos Aires, y con el comisario Esteban Pidal. En 1972 Pidal había sido denunciado por el periodista y militante del ERP Andrés Alsina, como el hombre que lo torturó con picana eléctrica.

Por esa vía llegó a Osinde una copia de los archivos de la Dirección de Investigaciones Políticas Antidemocráticas, DIPA, cuando el ministro del Interior ordenó su destrucción.

Otro sector convocado por Osinde al palco del 20 de junio fue el de los oficiales y suboficiales retirados de las Fuerzas Armadas, entre ellos los militares Chavarri, Ahumada, Schapapietra y Corvalán; los gendarmes Golpes, Menta, Colkes, Pallier, Gondra y Corres. El Comandante de Gendarmería Pedro Antonio Menta es el hombre calvo y de anteojos oscuros que exhibe orgulloso una carabina desde el palco en la más célebre fotografía de la masacre.

Los policías, los militares y los gendarmes llevaron su propio armamento y proveyeron parte del arsenal que se descargó en Ezeiza. Veremos de dónde salió el resto.

Leopoldo Frenkel, de 26 años, inspirador del Comando de Planificación creado para competir con los Equipos Político-Técnicos de la JP, asumió como delegado personal del presidente Cámpora en la Municipalidad de Buenos Aires, ya que no reunía los requisitos constitucionales de la edad mínima para ser intendente pleno.

El Comando de Planificación había funcionado en las oficinas comerciales de Osinde. Frenkel retribuyó esa hospitalidad, colocando la Intendencia a su servicio, y se rodeó de una numerosa custodia civil fuertemente armada. La dirigía un hijo del coronel Julio Fossa (el candidato de la autodenominada Resistencia Argentina

a jefe de la SIDE) a quien secundaba un ex presidiario, de apellido Miño.

Frenkel tenía a su vez un delegado personal ante la Comisión Organizadora del retorno, el director de ceremonial del municipio, Alberto De Morras, quien junto con el secretario de Cultura Ricardo Fabriz y el secretario general Horacio Bustos, facilitaron a Osinde el manejo de la infraestructura de comunicaciones y transporte de la Intendencia. Por eso el Centro de Información para Emergencias y Catástrofes, CIPEC, no coordinó el 20 de junio la tarea de las ambulancias municipales.

Por esa red un colaborador de Alberto de Morras se quejó al secretario de Gobierno de la Municipalidad porque los caminos estaban bloqueados por la multitud.

—Hay que buscar una ruta alternativa para la camioneta de los grupos de la Juventud Sindical —informó muy preocupado Jorge Lagos.

Ese fue uno de los vehículos en los que se transportaron armas.

Los autos y ambulancias de la Municipalidad estacionados detrás del palco se usaron para conducir detenidos al Hotel Internacional, donde fueron torturados. De Morras, hermano de un coronel del Ejército, se jactó luego por el ahorcamiento en Ezeiza de "dos o tres zurdos".[33]

Desde la Municipalidad se apoyaron también las ocupaciones del Teatro Municipal General San Martín, la Radio Municipal y la Dirección de Vialidad Nacional, a cargo de la Alianza Libertadora y de grupos de choque del dirigente de la Unión de Obreros y Empleados Municipales, Patricio Datarmine.

Algunos de ellos también trabajaban para los servicios de información militares.

Treinta Halcones

La oposición de tres de los secretarios de la Municipalidad privó a Osinde de otras treinta metralletas.

Una circular del Banco Central había ordenado a todos los bancos organizar custodias con metralletas para guardar sus tesoros. Esas armas debían ser provistas por el Ejército, pero como a juicio de los directivos del Banco Municipal la entrega se demoraba excesivamente, decidieron adquirirlas de la fábrica Halcón en forma directa.

Las metralletas estaban embaladas y sin uso en un depósito cuando Osinde las pidió. Frenkel acordó entregárselas, pero los secretarios de Economía, Eduardo Setti, de Obras Públicas, Jorge Domínguez, y de Servicios Públicos, Alejandro Tagliabúe, se opusieron.

El 23 de junio, en desacuerdo con el rol de la Municipalidad en Ezeiza renunciaron, aunque no pertenecían al camporismo, y el 25 los comisarios de la Policía Federal Arturo Cavani y Eleazar Carcagno, se hicieron cargo de las 30 pistolas ametralladoras Halcón modelo ML 63- 9 mm, numeradas del 9104 al 9125, del 9242 al 9247, y del 9239 al 9240, de 4.960 proyectiles calibre 9 mm, de 30 cartucheras de cuero portacargadores, de 30 fundas de lana y cuero y de 30 correas de cuero 34.

"El material detallado", dice el acta notarial, "se encuentra en perfecto estado, sin uso, tal como ha sido recibido de fábrica. Las ametralladoras se encuentran dentro de cajones de madera y los proyectiles en dos cajones de madera".

La guerra de Corea

La participación sindical fue extensa y múltiple, y dentro de ella descollaron las conducciones de algunos gremios, como metalúrgicos y mecánicos.

El Negro Corea, jefe de la custodia de José Rucci, fue quien dirigió las torturas en el Hotel Internacional de Ezeiza. Aníbal Martínez, de la UOM Capital, tuvo a su mando las fuerzas de la Juventud Sindical. Los intendentes de Quilmes y Avellaneda, Rivela y Herminio Iglesias, suministraron abundante material y personal. Como diputado, Brito Lima obtuvo la libertad de presos comunes que le guardaron gratitud.

Una ametralladora UZI portaba Hugo Duchart, custodio de la UOM y colaborador de la Brigada de Avellaneda de la Policía de Buenos Aires. Dos PAM empuñaban Carlos Poggio, empleado del Hospital Fiorito, y Julio Arrón, a bordo de ambulancias de Bienestar Social y Abastecimiento de la Municipalidad de Avellaneda. Una ametralladora Halcón relucía en las manos del secretario de Cultura de Avellaneda, Leonardo Torrillas. Cisneros, director del Asilo de Wilde, Mario Firmaino, Cevallos, Miguel Di Maio, Ameal, Jorge Vallejos, son otros de los colaboradores de Iglesias englobados por Brito Lima en la primera persona del plural al vanagloriarse un año después de que "en Ezeiza paramos a los montoneros", así como los colaboradores del intendente de Quilmes, *Mango de Hacha* Lépora y Juan Carlos *Caballo Loco* Nieco.

El contingente de SMATA, que tuvo participación principal en los tiroteos, estaba ubicado a la izquierda del palco. El 21 de junio la conducción del SMATA envió una solicitada a todos los diarios con su posición sobre la masacre. A última hora de la tarde un dirigente leyó el texto ya despachado y reparó en un párrafo que podría traer problemas. Era una felicitación a los mecánicos por haber logrado "un puesto de avanzada" y por su "valentía ante la agresión"[34].

—*¿Quién escribió esto? ¿Quieren que nos metan en cufa?* —protestó.

De inmediato se enviaron emisarios para corregir el

texto en todas las redacciones, pero un diario carente de taller propio, que se imprimía más temprano que los restantes, no hizo a tiempo y publicó la declaración completa.[35]

Jefe de las fuerzas de SMATA en Ezeiza fue Adalberto Orbiso, quien al año siguiente fue designado interventor de la filial de los mecánicos en Córdoba, y presidente del Banco Social, después del motín del coronel Domingo Antonio Navarro.

Las armas largas del SMATA llegaron a Ezeiza en un ómnibus en el que viajaba la diputada nacional Rosaura Islas, de Lomas de Zamora.

Empuñaron sus armas desde el palco Bevilacqua, Fernández y Juan Quiróz, del Comando de Organización; Alfredo Dagua, Luciano Guazzaroni, José Luis *Tiki* Barbieri y Emilio *Tucho* Barbieri, de la Liga Nacional Socialista de Junín.

El inmortal Discépolo

Otra fuente para la provisión de armas fueron los ferrocarriles. El 13 de junio, su Administración General fue copada por un Comando Militar Conjunto, que anunció que el ERP planeaba apoderarse de los trenes. Los ocupantes removieron al administrador designado por el gobierno, ingeniero J. J. Buthet, e impusieron su ley.

La policía ferroviaria, el Comando Militar de la Agrupación de Trabajadores de Prensa de Manuel Damiano y el jefe de la tercera sección de la gerencia de Inteligencia y Seguridad de los Ferrocarriles, Fernando Francisco Manes, se atribuyeron el copamiento en una declaración firmada el 14 de junio en papel con membrete de FA.

Luego de la masacre, los hermanos Raúl, Vicente y Juan Domingo López; José Arturo Sangiao, Eugenio Sarrabayrouse y Edmundo Orieta dirigieron una Carta Abierta a Perón alegando que habían actuado debido a los "antecedentes antinacionales" del ingeniero Buthet a quien deseaban reemplazar por el general Raúl Tanco.

Reconocieron que habían empleado armas de fuego en tres escaramuzas, capturado con perros de la Policía Ferroviaria lo que llaman "banderas comunistas" y reprimido a "terroristas" para que no quemaran vagones.

Su audaz relato evidencia la pasividad del gobierno mientras se preparaba la masacre del 20 de junio. Los aliancistas dicen que mantuvieron informados durante la ocupación a diputados y senadores justicialistas, al ministro de Trabajo Ricardo Otero, al vicepresidente en ejercicio Lima, al secretario de Obras y Servicios Públicos general Delfor Otero, a funcionarios de la SIDE, la Policía Federal, el ministro de Economía y asesores del teniente coronel Osinde.

Sólo el subsecretario del Interior, Domingo Alfredo Mercante, se negó a dialogar al saber que había sido desplazado el interventor Buthet. Pero recién el 22 de junio se ordenó sacar de allí a los intrusos.

"Los cobardes, los borrachos, los contrabandistas de drogas, los protectores de ladrones de chatarra ferroviaria, los asesinos frustrados, alentados por los comandos comunistas, emboscados en las sombras, juntos bolches y gorilas como en 1955, mi teniente general, como un cambalache digno de ser cantado por el inmortal Discépolo, retornan a las posiciones que otros defendieron, y amparándose en la Policía Federal Argentina, institución a la que ellos siempre han despreciado, reasumen aparentemente sus funciones como si nada hubiera pasado", dice la Carta Abierta a Perón al describir el desalojo.

El asesor de la intervención en Ferrocarriles, Carlos Mario Pastoriza, entregó el 29 de junio un informe algo menos literario. Dice:

"Asunto. Detalle del armamento extraviado durante los hechos ocurridos entre el 13 y el 22 de junio de 1973:

"Pistolas Ballester Molina, calibre 11.25, números 84705, 84711, 84728, 110111, 110116, 110972, 110996, 110998, 110969, 84736, 84704, 38807, 110110, 28771, 39301, 39306, con cargador cada una; números 101955, 33413, 102008, 33402, 101730 y 39305, con tres cargadores cada una. Resumen: Pistolas Ballester Molina calibre 11.25: 23. Cargadores para ídem: 35."

"Pistolas Colt calibre 11.25, números 80270, 80253, 27840, 31826, 39868, 68993, 156854, 157183, 173427, con un cargador cada una; números 55285, 55574, 36366, 31005, 31003 y 67081, con dos cargadores cada una; números 80299, 80242, 80309, 80312, 67181, 67183, y 67178 con tres cargadores cada una y número 80294, con cinco cargadores. Resumen: Pistolas Colt calibre 11.25: 23. Cargadores para ídem: 47."

"Una pistola ametralladora Halcón, calibre 9, número 3142, con dos cargadores."

"Pistolas ametralladoras PAM, calibre 9, números 27222, con un cargador; y números 27249, 31003, y 31005, con dos cargadores cada una. Resumen: Pistolas ametralladoras PAM calibre 9: 4. Cargadores para ídem: 7."

El viernes 22 de junio la Policía Federal visitó las instalaciones ocupadas. En la jefatura de la Policía de Seguridad de la Región Sudoeste, los federales fueron atendidos por el empleado de investigaciones Ramón Edgardo Martínez, jefe interino, quien presentó al resto de los policías ferroviarios que, según dijo le habían solicitado que se hiciera cargo de la región. Eran ellos Walter Alfredo De Giusti, Oscar Esteban Vallejos, Martín Torres, Juan Carlos Molina, Juan Angel Galvaniz, Alejandro Tucci, Carlos Antonio Bachini, Juan Antonio Mascovetro, Alejandro Esteban Mc Intyre y Héctor Fernández.

En el Departamento de Inteligencia Central de la Gerencia de Seguridad, Fernando Francisco Manes introdujo ante los comisarios Ramón Domingo Vidal y Vicente Rubén Rosetti, al personal de la policía ferroviaria que lo había acompañado durante la ocupación.

Eran ellos Juan Carlos Ramón Martínez, de la oficina de Inteligencia y Seguridad; Claudio Isaac Ortíz, policía auxiliar de segunda; Juan Robiano, auxiliar primero de la sección sumarios; Mario Medina, Juan Carlos Scarpia, auxiliar de tercera de la sección informaciones; Oscar Reinaldo Ponce, auxiliar de tercera de la policía privada del ferrocarril; Juan Alberto Andreu, ayudante segundo del jefe de la estación Retiro, sección pasajeros; Alberto Germán Mazzei, auxiliar de tercera de la policía ferroviaria igual que Pedro Celestino López Carballo, Rodolfo Mario González Arrascaeta; Elbio Antonio Farías, auxiliar de segunda; Juan José Velasco, de la división informaciones; Carlos Degli Quadri, empleado de la Secretaría General; Stella Maris Cieri, a cargo de teletipo y teléfono; Ricardo Zumpano, policía ferroviario; y Miguel Angel Vidueira, dependiente de tercera de la sección tráfico.

También todo ellos con sus armas.

Ciro y Norma

En 1955 el teniente primero Ciro Ahumada fue uno de los oficiales del Grupo 4 de Artillería de Campo de los Andes, en Mendoza, que no se plegaron al golpe contra Perón, lo cual le valió una detención de 30 días. Cumplida la pena fue reincorporado, pero a diferencia de la mayoría que fue a parar a guarniciones distantes, él pasó a trabajar en una de las Comisiones Especiales Investigadoras, con el general Juan Constantino Quaranta, amo de la SIDE.

En marzo de 1956 fue arrestado con dos centenares de civiles y militares comprometidos con el movimiento en ciernes del general Valle, que debía estallar tres meses después. Recluido en el penal militar de Magdalena, fue el primer oficial en su historia que consiguió fugarse, y se refugió en Brasil.

Hacia 1959 reapareció en San Juan, en la mina Castaño Viejo, como empleado de National Lead, la compañía minera internacional representada por Adalbert Krieger Vasena. En San Juan organizó un comando para la zona Cuyo, que inicialmente estuvo relacionado con la Central de Operaciones de la Resistencia del general Iñíguez, del que más adelante se separó.

Condujo un asalto a la mina Huemul, en el sur de Mendoza, en el que se apoderaron de detonantes eléctricos y 5.000 kilos de gelinita. El gobierno de Frondizi declaró el Estado de Conmoción Interna, luego que la resistencia volara la casa del mayor del Ejército Cabrera, y se descubriera un plan insurreccional que fracasó cuando las 62 no declararon el paro general que debía preceder al asalto de cuarteles.

Alejado del COR, organizó una serie de atentados que dejaron un tendal de presos, pero no fue condenado. En el sumario militar a su lugarteniente Herman Herst, un admirador de Hitler que usaba una svástica como gemelo de camisa y alfiler de corbata, consta la reducción de su pena por colaborar con la investigación.

El 25 de mayo de 1959 ordenó colocar explosivos en la casa del general Labayru, en la de su asistente el capitán Rubilliers, y en la compañía petrolera mendocina de la Banca Loeb, y partió hacia Uruguay. Trescientos integrantes de su red, sin vías de escape ni escondites previstos, fueron perseguidos y acorralados, hasta que ninguno quedó en libertad, ni su esposa Margarita *Maguita* Ahrensen.

Ahumada les mandó a ella, y a sus hijas, bellas postales desde París, Madrid, Capri, Santo Domingo, Cuba. Perón lo creía vinculado con los servicios argentinos de informaciones y con la CIA, y lo alejó de Santo Domingo. El gobierno cubano no explicó en cambio sus razones cuando solicitó a los grupos peronistas de la Resistencia que se lo llevaran de allí, a él y a la ex militante comunista de Entre Ríos Norma Brunilda Kennedy. Ella había viajado a La Habana junto con Augusto Vandor, y al volver explicó que había chocado con el castrismo por plantear reivindicaciones feministas en una sociedad machista.

En 1954 Norma Kennedy había sido detenida junto con otras activistas estudiantiles en Concordia, y el diputado radical Santiago Nudelman presentó un pedido de informes al Poder Ejecutivo interesándose por su destino. Se iniciaba la clásica parábola del fanatismo que suelen recorrer los conversos. La joven comunista defendida por un político radical llegó a ser cabeza del macartismo más obstinado dentro del peronismo.

Su tránsito de la izquierda a la ultraderecha fue lento. En 1966 ya había dejado el PC y se acercó al Comando Nacional que dirigía el ex suboficial César Marcos, un peronista estudioso de Marx en torno a quien se reunían muchos jóvenes marxistas ansiosos por abrazarse con el pueblo que sin dudas era peronista.

Junto con José María Aponte comenzó a intervenir en operaciones económicas cuyo fruto debía financiar la Resistencia Peronista. Un porcentaje que sus compañeros de entonces no coinciden en evaluar, pero que no desciende del 50%, se destinaba a los gastos personales de la pareja. Cuando viajaban a Montevideo, donde actuaban diversos comandos de la Resistencia, se alojaban en el Hotel Victoria Plaza, el más lujoso del Uruguay.

Fue la primera mujer que empuñó una ametralladora en un operativo político en este país, durante el asalto a la Panificación Argentina. Apresada, fue defendida por el abogado de la UOM, y luego de la CGT, Fernando Torres, y salvada por su hermano Patricio Kennedy. El día en que los testigos debían reconocer en rueda a los asaltantes, Patricio tuvo la gentileza de trasladar personalmente en su auto a los directivos de la Panificación Argentina a los tribunales. Ninguno reconoció a Norma.

La audacia y originalidad de Patricio son muy conocidas. Para robar un banco cavó un boquete desde el entubamiento del arroyo Maldonado, debajo de la avenida Juan B. Justo, y luego huyó por las veredas subterráneas con una bicicleta.

Norma se separó de Aponte y se fue a vivir con Alberto Rearte. En 1962, Aponte aguardaba a un compañero en un taller mecánico de la calle Gascón al 200, que fue copado por la Policía de la provincia de Buenos

Aires, que invadió sin aviso la jurisdicción de la Policía Federal. Se llevaron a Aponte y montaron una ratonera con dos sargentos, en espera de quien llegara a la cita.

René Bertelli llamó por teléfono antes de ir, se dio cuenta de que el sargento que lo atendió no era Aponte, entró por los fondos de la casa, tomó por sorpresa a los dos policías y los mandó al otro mundo.

—¿*A quién esperabas, hijo de puta?* —le preguntaban en la brigada de San Martín al detenido Aponte, con una curiosidad que la muerte de los dos sargentos tornó imperiosa.

Al preso se le ocurrió que podía impedir que siguieran castigándolo y al mismo tiempo vengarse del hombre que se había ido con su mujer. Terminó por confesar que esperaba a Alberto Rearte.

La policía lo buscó, pero no lo encontró. Aponte los ayudó a ubicarlo.

—*Su íntimo amigo se llama Felipe Vallese* —les sugirió.

Asido a un árbol de la calle Canalejas de Caballito, Vallese resistió el intento de secuestro hasta que los culatazos en la cabeza le hicieron abrir la mano. Nunca reapareció.

Norma y Rearte crearon en su homenaje la Agrupación 22 de agosto. El joven tesorero de la UOM recibía sin placer sus pedidos de socorro económico. Les daba para imprimir 20.000 afiches y hacían 500. Con el resto sobrevivían. No eran fuerza de choque de nadie. "Son dos pícaros", explicaba el tesorero, un ex boxeador de Villa Lugano: Lorenzo Miguel.

Patricio invitó a Norma a acompañarlo en varios de sus operativos. El botín preferido eran los automóviles. La tercera hermana Celia, casada con un honorable carnicero, se encargaba de blanquear el dinero obtenido, y cuidaba habitualmente de Felipe Rearte, el hijo de Alberto y Norma.

Celia Kennedy fue secuestrada después del golpe de 1976, por un comando que quería saberlo todo acerca de los fondos de Norma. Nunca reapareció.

Hacia 1964 Ahumada y René Bertelli montaron una oficina de exportación e importación, con la denominación AR BRAS, en la que atendían negocios de Jorge Antonio en Brasil. Bertelli tenía pedido de captura por el episodio de la calle Gascón, pero circulaba libremente mientras su socio Ahumada discutía contratos con YPF para las empresas paraguayas que representaban. Norma, Patricio, Aponte, también frecuentaban esas oficina, en la calle Corrientes. Patricio comandó por entonces un operativo en el que fue preso un militante de su grupo y murió otro, Sosa. El, sin embargo recuperó la libertad. Había cruzado una frontera que garantiza cierta impunidad.

Todos ellos lograron vincularse con el grupo que preparaba la instalación del destacamento de las Fuerzas Armadas Peronistas en Tucumán. Ahumada les hizo llegar documentos y manuales de instrucción militar. Bertelli fue gestor para la adquisición del terreno de Taco Ralo donde se efectuarían las prácticas militares, y que fue copado antes que la guerrilla disparara su primer tiro. El gobierno militar devolvió el campo a quien se lo había vendido a las FAP: Juan Bertelli, hermano del socio de Ciro.

A partir de 1971 Ahumada se asoció con Osinde en una empresa de importación de azulejos y mayólicas. El 17 de noviembre de 1972 atendía a quienes buscaban orientación en la sede justicialista de Avenida La Plata y les aconsejaba irse a casa, mientras Perón estaba retenido en Ezeiza.

Después de las elecciones del 11 de marzo de 1973, se reunió con Osinde y con el mayor Fernando Del Campo, para cambiar ideas sobre la estabilidad del inminente gobierno de Cámpora. "A ese viejo de mierda hay que marcarle el camino o sacarlo a patadas", era en esos días su expresión favorita.

Mientras, Norma Kennedy paseaba por Madrid con López & Martínez, sus amigos.

El Automóvil Club

Con 600.000 socios, 621 unidades móviles, 296 estaciones de servicio, 48 hoteles, servicio de aviación y la red de comunicaciones más completa del país, el Automóvil Club era en 1973 una fuerza económica y política de interesantes vínculos internacionales.

Había firmado convenios multimillonarios con la Ford y fabricaba neumáticos en conjunto con la Good-Year. Su presidente era el latifundista César Carman, afiliado a la Unión Cívica Radical, quien se opuso a la creación de La Hora del Pueblo y repudió las entrevistas de Ricardo Balbín con Juan D. Perón. Todos los años hasta su muerte, Carman participó en los actos de homenaje al golpe militar de 1955.

Más sugestivo aún era el vicepresidente del Automóvil Club en junio de 1973. Se trata del señor Roberto Lobos, presidente de la empresa Coca-Cola, vinculado con el hotel Sheraton y su propietaria, la International Telephone & Telegraph, ITT, que en esos días actuaba como cobertura de la CIA en Chile para el derrocamiento de Salvador Allende, según estableció una comisión investigadora del Congreso de los Estados Unidos.

Entre las autoridades del ACA figuraban nombres de la burguesía agraria, representantes de empresas transnacionales y altos jefes de las Fuerzas Armadas. Marcelo Gowland Acosta, Belisario Moreno Hueyo, José

Nazar Anchorena, Víctor Zemborain, Mauricio Braun Menéndez, Ernesto Aberg Cobo, Antonio M. Delfino, Pedro Dellepiane, Adolfo Lanús, Carlos Menéndez Behety, Adalberto Reynal O'Connor, Rodolfo Zuberbühler, Alberto De Ridder, Egidio Ianella, Ernesto Pérez Tornquist, Ramón Santamarina, el ingeniero Mario Negri (de la Cámara de Industriales Metalúrgicos), integraban la directiva del Automóvil Club, junto con el capitán de navío Luis Gianelli, el comodoro Ernesto Baca, el brigadier Mario Romanelli, el capitán de corbeta Luis Ballesi y los generales Gualterio Ahrens y José Embrioni.

Uno de los delegados titulares del ACA era el señor Adolfo Rawzi, hombre de contacto con la embajada de los Estados Unidos y con el diputado Rodolfo Arce.

Más importante que estos figurones era el equipo de colaboradores de Carman: el gerente de Estaciones del ACA, Carlos Iribarnegaray, comando civil de la Revolución Libertadora y luego interventor en la UOM de Avellaneda, Lajud, el escribano Vitale, el ingeniero Lizarrague y el gerente general Armendáriz. Con el apoyo de la Armada y del sector más antiperonista de la UCR ocuparon a mano armada el ACA después del golpe de 1955 y convirtieron una sociedad civil sin fines de lucro en un fantástico negocio, con empresas fantasmas de parientes y amigos que recibían en concesión los servicios que se prestaban a los asociados. Los empleados de las concesiones no estaban sindicalizados y trabajaban sin convenio colectivo, vacaciones, obra social, aguinaldo. En algunos casos no tenían otra retribución que las propinas. El SUTACA era un sindicato de empresa que la gerencia manejaba como una oficina más. Entre 1969 y 1973 lo condujo una coalición combativa, hasta que montados en la batalla interna peronista, en elecciones que fueron denunciadas como fraudulentas y con episodios de violencia, la derecha peronista recuperó su control.

Nuestros muchachos

Desde la primera semana de junio, jefes del Sindicato de Trabajadores del Automóvil Club, SUTACA, y personas armadas que se reclamaban de la Juventud Sindical Peronista recorrían las instalaciones intimidando al personal. También allí se trataba de prevenir el asalto trotskysta, que nunca se produjo. Grupos de hombres con walkie-talkies ocuparon el 13 de junio el hall central. Una asamblea espontánea del personal que reunió a 1.500 empleados exigió a Iribarnegaray el retiro de los intrusos y garantías para los trabajadores. También amenazaron con un paro de actividades si reaparecían.

No tuvieron inconveniente en actuar con mayor sigilo, reuniéndose en otros sindicatos hasta el momento decisivo, ya que lo único que les importaba era el empleo de la central de comunicaciones y los móviles del Club.

En un boletín extraordinario impreso el 21 de junio, el secretario general de SUTACA, Roberto Saavedra, felicitó a los tripulantes de auxilios mecánicos, que habían actuado en Ezeiza como radioenlaces para el apoyo logístico.

Allí consignó que el ACA había cedido sus vehículos a pedido de la CGT y sostuvo que durante el tiroteo "nuestros muchachos asumieron plenamente su rol de patriotas y peronistas y lo hicieron protagónico".

El personal que actuó el 20 de junio fue seleccionado por el subjefe de Comunicaciones del Automóvil Club, el suboficial Porreca, de la Armada. Las quince grúas, dos automóviles y tres camiones que el COR usó en Ezeiza le fueron entregados por Iribarnegaray.

Un camión estacionado en Cabildo y Monroe sirvió de enlace a los vehículos instalados en el Hotel de Ezeiza, en las rutas de acceso, en el Hogar Escuela ocupado por el Comando de Organización, en el Autódromo, cerca de la residencia de Perón en Vicente López, en el bosque próximo al palco, en Plaza de Mayo.

Los vehículos tripulados por dirigentes del SUTACA y personal del COR y de la Juventud Sindical al mando del metalúrgico Aníbal Martínez fueron retirados del auxilio mecánico de Jaramillo al 1900. El grupo de militantes del COR que intervino se concentró en el Sindicato de Sanidad, en Once, para coordinar el plan.

Estos son algunos de los muchachos patriotas y peronistas felicitados por Roberto Saavedra: Osvaldo Bujalis, tesorero de SUTACA y habitual acompañante de Osinde; Frías, jefe de Comunicaciones del ACA; Olmos, dirigente del SUTACA; Pepe Montoya, Sanguineti; Roldán, promotor de la Juventud Sindical en el SUTACA; Víctor Lásara, Pablo Esquete, Jorge Viola; Gaeta, quien estuvo junto con Martínez en el Hogar Escuela durante el tiroteo; Moyano, Rufrano, Cuaresma, Villordo, Alberti, Lázaro y Mensela. Varios de ellos fueron premiados con jefaturas, gerencias y concesiones que los convertirían en prósperos empresarios.

Los condujeron el general Iñíguez, el teniente coronel Osinde y el industrial Osvaldo Dighero.

Los comparsas

Los golpistas del 20 de junio formaban una sociedad de hecho. No todos se conocían, disputaban entre ellos por parcelas de poder, más de una vez se combatieron.

Tenían en común su derrota en las pugnas internas peronistas previas a la elección presidencial y sus contactos con sectores del gobierno militar. Jugaron sus cartas y perdieron entre noviembre de 1971, cuando Perón designó delegado personal a Héctor J. Cámpora, y el 25 de mayo de 1973. Contragolpearán en Ezeiza. Iñíguez y Osinde les darán coherencia, con un plan de acción para la toma del poder.

En noviembre de 1971 un tiroteo en la sede del Consejo Justicialista, en Chile al 1400, saludó la cesantía de Jorge Paladino como representante de Perón. Norma Kennedy y Alberto Brito Lima dirigieron el asalto. Un guardaespaldas de Lorenzo Miguel, Alejandro Giovenco, la defensa. Norma Kennedy sobrevivió a un tiro en el pulmón, pero Enrique Castro, también del C de O, murió al fin de una larga agonía. Con Giovenco estaban José Sangiao y Vicente López, quien dos meses después intervino con sus hermanos Raúl y Juan Domingo, en la muerte de un dirigente antipaladinista de Lomas de Zamora.

Elegido delegado Cámpora, y organizada la rama juvenil sin la inclusión del Comando de Organización,

Kennedy y Brito Lima se unieron a sus adversarios de ayer. Un año y medio después de aquel enfrentamiento unos y otros militaban en el mismo bando, olvidando las promesas de venganza. Los López y Sangiao, junto con el paladinista Eugenio Sarrabayrouse, ocuparon en nombre del Comando Militar de la Agrupación de Manuel Damiano los Ferrocarriles, como vimos en las páginas 91 y 92. Norma Kennedy integró la Comisión Organizadora que convirtió el palco en un arsenal. Giovenco y el Comando de Organización de Brito Lima utilizaron esas armas contra la multitud.

Los dirigentes sindicales tampoco aprobaron a Cámpora y se negaron a aceptar las tres vocalías que les asignó en el Concejo Superior, porque pretendían seis y la Secretaría General. Aunque tanto Rucci como Cámpora hayan preferido olvidarlo luego, en el Congreso partidario del Hotel Savoy, Brito Lima y los guardaespaldas de la CGT apuntaron a la cabeza del delegado personal una pistola 45. Y aún restaba la batalla por la candidatura presidencial.

La federación de perdedores

Como vimos, en 1971 el Movimiento Federal, que había prosperado bajo el amparo de Rucci y Paladino, confiaba en consagrar a Osinde sucesor de Perón. Al partir de Buenos Aires para Asunción el 14 de diciembre de 1972, Perón lo defraudó indicando, una vez más, a Héctor Cámpora. Osinde fue el primer candidato desilusionado, pero no el único, socio fundador de la federación de perdedores.

Rogelio Coria preparó una moción para que el Congreso que recibió con estupor esa nominación, enviara delegados hasta el Paraguay que persuadieran a Perón que cometía un error. El Sindicato de Mecánicos la presentó, y de inmediato adhirieron los congresales Norma Kennedy, Manuel de Anchorena y el dirigente rosarino de la carne Luis Rubeo. En la puerta del Hotel Crillón, Nicanor De Elía entregaba volantes del Movimiento Federal contra Cámpora.[36] El Congreso sólo aceptó enviar un telegrama sugiriendo cautelosamente el cambio, y Coria abandonó la sala contrariado. Lorenzo Miguel, cuyo preferido era Antonio Cafiero, admitió en silencio que esa oportunidad ya se había perdido. La misma batalla se dio en varias provincias por las candidaturas a las gobernaciones.

En Avellaneda un grupo de congresales sin quórum llegó a proclamar a Manuel de Anchorena y el metalúrgico Luis Serafín Guerrero como candidatos a gobernador y vice de Buenos Aires y corrió a tiros al secretario general Abal Medina. Perón intervino desde Lima calificando a Anchorena de "excrecencia y traidorzuelo",[37] y tanto Osinde como Lorenzo Miguel abandonaron al estanciero conservador que fue expulsado del peronismo. La UOM se limitó a sustituir a Guerrero por otro de los suyos, Victorio Calabró, para acompañar al candidato Oscar Bidegain.

En Córdoba, el jefe vandorista Alejo Simó desertó el mismo día previsto para la autoproclamación como candidato de Julio Antún, el amigo de Jorge Antonio y del general Iñíguez, quien había perdido las internas por escaso margen ante Ricardo Obregón Cano. Antún y el coronel Antonio Domingo Navarro sublevarán a la policía cordobesa para deponer a Obregón Cano y al vicegobernador Atilio López, abandonados por el gobierno nacional, en 1974. Siete meses después, la AAA fusilará con 136 balazos al ex vicegobernador obrero López. Ezeiza había sentado doctrina.

En Mendoza, pese a un gran tumulto donde no faltaron las lágrimas, Carlos Fiorentini y Desio Naranjo no pudieron impedir la elección de Alberto Martínez Baca.

Lo apartaron de la gobernación en irregular juicio político en 1974.

En Santa Fe, los rebeldes llegaron a la ruptura antes de los comicios. Otro amigo de Iñíguez, el capitán Antonio Campos, quien en 1960 lo había secundado en la toma del Regimiento XI de infantería de Rosario, fue el candidato paralelo a la gobernación, Rubeo su vice.

En Santiago del Estero encabezó la disidencia Carlos Juárez, quien junto con un sobrino de Iñíguez había acompañado a Juan Lucco en la operación de Levingston para seducir al peronismo desde el Ministerio de Trabajo en 1970.

En la Capital Federal, Osinde envió un telegrama de solidaridad a Julio Cala y Lala García Marín, quienes junto con una veintena de convencionales habían sido expulsados por oponerse a las candidaturas decididas. El 20 de junio Lala García Marín estará en Plaza de Mayo junto con los activistas del COR de Iñíguez para tomar la Casa de Gobierno, y el 21 Cala será uno de los visitantes al sepelio del capitán Roberto Chavarri, lugarteniente de Osinde caído en Ezeiza.

Las movilizaciones de la juventud en todo el país, la dureza del enfrentamiento con el gobierno militar, la participación en los actos de Cámpora y la JP de los guerrilleros que prometían a cada adversario interno la suerte de Vandor, sembraron la duda en el poder sindical y en sus satélites de la rama política. Algunos se preguntaban si con ese clima habría elecciones, otros se contestaban que sí y temían perder su carácter de interlocutores privilegiados de los militares y ser precipitados a un futuro incierto.

Dos semanas antes del 11 de marzo, no todos los esfuerzos se volcaban a los comicios. El 23 de febrero se creó la Juventud Sindical, un sedante para los nervios de los sindicalistas. Con o sin elecciones, responderían al fuego con el fuego.

No eran los únicos previsores. El 18 de mayo, apenas una semana antes del traspaso presidencial, el grupo que se presentó como Resistencia Argentina exigió que quedaran en su poder "determinados cargos del gobierno y los organismos de seguridad", y anunció juicios y sentencias para "los traidores y los mercaderes" en caso de ser contrariados. Para la SIDE propusieron al coronel Julio Fossa (a uno de cuyos hijos ya hemos visto como jefe de la custodia del intendente Leopoldo Frenkel, que participó en la operación de Ezeiza); para la Policía Federal al coronel Mario Franco (asociado al ex jefe de policía de Onganía, general Mario Fonseca); para Gendarmería al capitán Morganti, quien después del 20 de junio se mudó a un amplio edificio de Bermúdez y Nogoyá, en el barrio de Devoto.

Una solicitada que publicó la UOM en los diarios del 20 de junio delata sus preocupaciones del momento. El cartel de Montoneros que el 25 de Mayo se desplegó frente a la Casa de Gobierno, como lo muestran las fotos de la época que luego los militares usaron para demostrar la escalada subversiva sobre el poder fue retocado para que se leyera Unión Obrera Metalúrgica.[38] Unos se desvivían por ubicar el letrero más grande en el lugar más visible. Los otros estaban dispuestos a todo por impedirlo, con el pincel del retocador o por medios más consistentes.

Los sindicalistas y el gobierno militar sentían la necesidad de actuar rápido, para sofocar esa presencia expansiva y amenazante. ¿Pero cómo? Un indicio lo brindó el contraalmirante Horacio Mayorga, rico propietario de fábricas de artículos de cuero. Al despedirse de la Aviación Naval que comandaba, reveló los planes que conocía, muy pocos días antes de la masacre. "Se están preparando bandas armadas clandestinas", dijo en su último discurso oficial.[39]

Ezeiza sería su presentación en público.

SEGUNDA PARTE
LOS HECHOS

El Hogar Escuela

En todos los relatos sobre los tiroteos de Ezeiza se menciona como un lugar clave el Hogar Escuela. También se refieren a él sin saberlo los testimonios sobre disparos efectuados desde el bosquecito próximo al palco, es decir la arboleda lindera con el Hogar Escuela.

El Hogar Escuela Santa Teresa tiene tres cuerpos de edificación y está ubicado a uno 500 metros del palco, al sur de la autopista Ricchieri, cerca de las piletas Olímpicas y rodeado por una zona boscosa. Cruzando la ruta 205 se ingresa al barrio Esteban Echeverría. El Hogar Escuela forma un triángulo agudo con el puente El Trébol y el Hospital de Ezeiza, que está en el centro del barrio Esteban Echeverría. Para controlar la zona donde se desarrollaría el acto, el Hogar Escuela era un sitio estratégico.

La Policía Federal pensó en instalar allí un puesto para la remisión de detenidos, con un subcomisario, tres oficiales, veintiocho agentes masculinos y cinco femeninos de la Superintendencia de Investigaciones Criminales. Como el resto del servicio policial, debía implantarse a las 18 del martes 19.

Determinar quién controló el Hogar Escuela durante los enfrentamientos es fundamental para comprender qué ocurrió el 20 de junio.

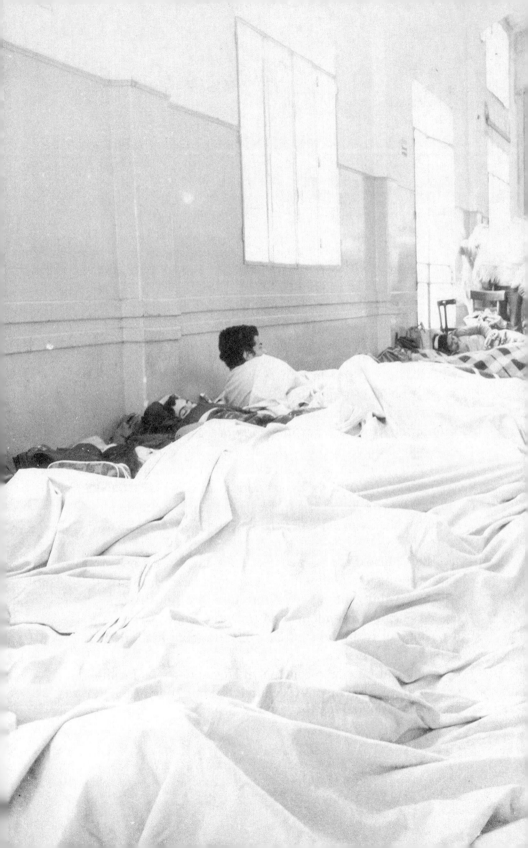

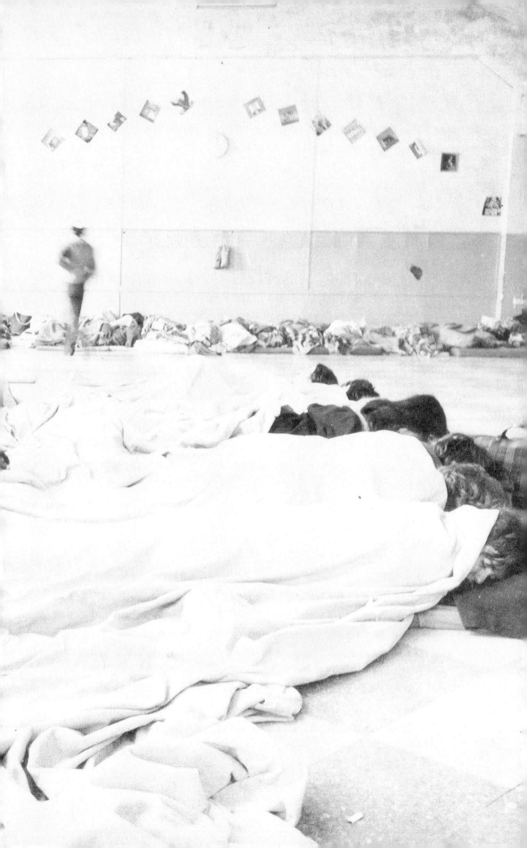

La Falange

El 24 de mayo en Monte Grande se preparaban las columnas que marcharían hacia la Capital para el acto de asunción de Cámpora, cuando llegaron el concejal Rubén Domínico y sus compañeros del C de O y con palos y cadenas intentaron dispersar a los manifestantes. El 25 desfilaron uniformados al estilo de la Falange ante el intendente de Esteban Echeverría, Oscar Blanco, su protector.

Asalariado de la UOCRA, procesado por el juez Omar Ozafrain por robo a un sindicato del que era chofer, por juego ilegal y por corrupción, Domínico y treinta acompañantes armados ocuparon el 8 de junio el Hogar Escuela, la Escuela de Enfermeras vecina y el Policlínico de Ezeiza. "Perón, Evita, la Patria Peronista", gritaban.

El hospital de Ezeiza tenía una capacidad normal de 120 camas, y para el 20 de junio se habían previsto habilitar otras 100. Funcionaban en él servicios de cirugía, traumatología, hemoterapia, neurocirugía, clínica médica, radiología, otorrinolaringología, pediatría, cardiología, ginecología, laboratorio, drogas y medicamentos. Contaba con tres ambulancias, una de ellas con radiollamado, dos vehículos utilitarios y una camioneta. Una guardia permanente de 70 médicos, 78 enfermeras y auxiliares y el apoyo de 50 alumnas de la Escuela de Enfermeras debían atender cualquier emergencia.

El diario local *La Voz del Pueblo* informó que el 8 de junio, a raíz de la ocupación del C de O, el personal docente del Hogar Escuela fue enviado a sus casas y los niños evacuados. Con un comunicado que reprodujo el mismo periódico, el C de O rechazó las exhortaciones de Abal Medina y de la interventora en el Hogar Escuela, Esther Abelleira de Franchi, para que cesara la ocupación.

Entre quienes ocuparon el Hogar Escuela estaban los militantes del C de O Carlos Alberto Vergara, Martín Mallagán, Ernesto Berón, Mario Azategui, Juan Carlos Journet y su hermano, Guillermo Salao, Daniel Sanguinetti y su padre, Alberto Mellián, Víctor Diack, Carlos Alberto Nicolao y su padre, Rubén Rodríguez, Gabriel Nana y Maido. A través de ellos, hasta un juez podría reconstruir la lista completa.

Una vez ocupado el Hogar Escuela, Domínico organizó la logística. El intendente Blanco le dio dinero para comida y cigarrillos, y el frigorífico Monte Grande 200 kilos de asado, previa consulta con el comisario Guido Beltramone y el intendente Blanco, quienes avalaron a los ocupantes.

Desde el principio, Osinde pensó utilizar el Hogar Escuela como puesto de comando y vivac de sus tropas y así lo planteó durante las reuniones preparatorias del acto en un memorándum que tituló "Se requiere únicamente". Sin embargo, después de la masacre dijo a la comisión investigadora que al enterarse de que el Hogar Escuela había caído en manos de desconocidos, solicitó a la Policía de Buenos Aires que los sacara de sus instalaciones el 19 de junio.[40]

La Policía de Buenos Aires no respaldó esta versión de Osinde. Por el contrario, comunicó que cuando se desalojó a 300 personas armadas, del Comando de Organización, que ocupaban el Hogar Escuela, el Hospital y la Escuela de Enfermeras, el concejal Domínico alegó que respondían a órdenes de Osinde.[41]

Martín y Martínez

El informe policial dice que antes del desalojo Osinde se había interesado por los ocupantes, y que luego se presentó para indagar por qué habían sido desplazados y declaró que obedecían al gobierno a través suyo. Además señala que en la noche del 19 de junio los ocupantes trajeron refuerzos y a punta de pistola volvieron a apoderarse del Hogar Escuela, a órdenes de dos personas que se hacían llamar Martín y Martínez.

Coincide con ese dato un parte redactado por la Policía de Buenos Aires cuando aún el olor a pólvora no se había disipado en Ezeiza, que identificaba al jefe de los dos mil jóvenes en armas que coparon el Hogar Escuela como Martínez, un hombre de frente ancha, cabellos canosos y sueltos hacia atrás, bigote fino, cara redonda y 1,70 m de estatura.[42]

Ordenemos y completemos la información.

El 20 de junio tres grupos ocuparon el Hogar Escuela de Ezeiza. El primero y más numeroso estaba constituido por los dos mil adolescentes reclutados por el C de O, que retomaron el edificio luego de la primera desocupación, dirigidos esta vez por Reinaldo Rodríguez.

En un pabellón del tercer piso se instaló Gaeta, del Automóvil Club, a cargo de uno de los puestos de comunicaciones del COR del general Iñíguez. Otros tres móviles del COR operaron desde el Hogar Escuela y sus inmediaciones.

El tercer grupo pertenecía a la CGT y obedecía a Aníbal Martínez, de la UOM, y uno de los tres líderes de la Juventud Sindical.

Lo que no hubo nunca fueron comunistas ni montoneros.

El palco

El 19 de junio mil civiles armados hasta los dientes ocuparon posiciones cerca del palco, por indicación del teniente coronel Osinde. Su consigna era impedir que se acercaran columnas con carteles de la Juventud Peronista, la Juventud Trabajadora Peronista, las Fuerzas Armadas Revolucionarias, Montoneros y otras agrupaciones menores.[43]

Detrás del vallado se identificaban con brazaletes verdes y un escudo negro los guardias de la Juventud Sindical. Los custodios del estrado empuñaban carabinas, escopetas de caño recortado, ametralladoras y pistolas.[44]

El miércoles 20 los periodistas apreciaron el arsenal acopiado en el palco del Puente 12, que incluía fusiles con miras telescópicas, pero no se les permitió fotografiarlo. Las armas estaban a cargo de hombres de la Concentración Nacional Universitaria y de la Alianza Libertadora Nacionalista, y rodeando el palco había integrantes de la Juventud Sindical y del Comando de Organización.[45]

Desde el primer momento impusieron su autoridad en base a un uso desmedido de la fuerza y a la continua ostentación de armas largas y cortas, adujo un informe oficial.[46]

Osinde no refutó esas aseveraciones. Por el contrario, dijo que había dispuesto 200.000 hombres de las organizaciones sindicales para el cordón de contención frente al puente, y 3.000 hombres de custodia personal rodeando la zona del palco de honor y el área de aterrizaje.[47] Añadió que la presencia de esos custodios armados allí era conocida y había sido aprobada por la Comisión designada por el Poder Ejecutivo, en un tardío intento por diluir su responsabilidad.[48]

Giovenco y Queraltó

La Policía de la provincia de Buenos Aires informó que el puente estaba en poder de compactos grupos del SMATA, y que el personal del COR y de la CGT ocupaban el palco de honor, a órdenes de Osinde y ostentando armas de gran potencia. Entre los ocupantes identificó al custodio de la UOM Alejandro Giovenco.[49]

Los técnicos apolíticos de la Policía Federal ratificaron que la seguridad del palco se había encomendado a civiles con armas largas y aportaron fotografías probatorias. El informe federal describe amenazas de golpear al público que se acercaba a los cordones de seguridad que circundaban el palco, y señala que se realizaron en las horas previas al tiroteo varios simulacros de lo que luego sucedió, en los que se obligaba al público a arrojarse al suelo. La Policía Federal señaló entre los custodios del palco a miembros de la Alianza Libertadora de Juan Queraltó.[50]

En el palco también estaba el jefe de la custodia presidencial Rogelio González, sus subordinados Angel Pablo Bordón y Rodolfo Monalli, el oficial subinspector Omar Horacio Fitanco, y los sargentos Humberto Zelada (chapa 12.312) y Eduardo Jorge Dimeo (chapa 13.372), todos ellos de la Policía Federal. Un hermano de González había sido el chofer de Perón, Isabel y López Rega durante el retorno de 1972.

Ellos constataron que los civiles con armas largas que ocupaban el palco sólo acataban órdenes de Osinde, y fueron testigos de uno de los ensayos practicados desde el palco antes de los tiroteos reales. Al aproximarse una caravana de manifestantes los guardias verdes de Osinde se arrojaron cuerpo a tierra en actitud de combate, con sus armas prestas a disparar. Quienes se acercaban se dispersaron lo más rápido posible, y de los empellones y desórdenes resultantes, quedaron varias personas heridas y contusas.[51] Su relato, que incrimina al Subsecretario de Turismo y Deportes del MBS fue dirigido con candor al superior jerárquico de Osinde y jefe de la banda, José López Rega. González era un profesional que citaba el testimonio de otros profesionales, y carecía de animosidad hacia Osinde, a cuyas órdenes llevaba trabajando sin conflictos por lo menos ocho meses.

Es decir que los principales diarios de Buenos Aires, que miraban con desconfianza a todo peronista; la policía de Buenos Aires, cuyo subjefe Julio Troxler simpatizaba con la Juventud Peronista; la Policía Federal, que actuó con estricta imparcialidad y no tenía compromisos con ninguno de los bandos; y la custodia presidencial que respondía a López Rega y Osinde, es decir peronistas de derecha e izquierda, antiperonistas y neutrales, coinciden en forma completa al relatar el dispositivo montado en el palco desde el día anterior y los aprestos para su empleo en las horas previas al arribo de Juan D. Perón.

El pastor y la enfermera

Un pastor protestante y su esposa, auxiliar de enfermería, fueron remitidos por el Ministerio de Bienestar Social al puesto sanitario instalado en Ricchieri y Sargento Mayor Luche. Llegaron al caer la tarde del martes 19 pero no encontraron el puesto, en el que debían presentarse de voluntarios.

Se dirigieron a una posta sanitaria que el SMATA había montado a la derecha del palco, con una ambulancia pero sin elementos de atención. El enfermero Gentile los condujo al jefe del operativo sindical, y Cardozo aceptó la colaboración del pastor y la enfermera. No había tiempo que perder. En cuanto se instalaron atendieron un herido en un pie, con el botiquín personal que portaban.

Después fueron conociendo a los demás miembros del grupo. Cables y alambres cercaban el predio, dentro del que se habían dispuesto carteles del SMATA, la UOM y el sindicato de la Carne, que eran los únicos autorizados a permanecer allí.

—*Estamos armados, para defendernos e impedir la infiltración* —les confió uno de los dirigentes.[52]

—*¿Y esos emponchados que cercan el acceso al puente?* —preguntaron algo inquietos.

—*También son nuestros. Debajo del poncho tienen las metras.*

—*¿Para qué las metras?*

—*Para recibir a los zurdos que gritan por la Patria Socialista.*

Sintieron que ese no era el sitio más apropiado para un pastor y una enfermera y se despidieron. Debajo del palco conocieron al encargado de una ambulancia de la Unión de Obreros y Empleados Municipales, que protestaba contra la gente del interior que había llegado para la manifestación.

—*El problema es que después no quieren irse y hay que despacharlos a la fuerza en vagones jaula para ganado* —rumió.

Siguieron caminando en procura de mejores compañeros. Ya eran las diez de una fría noche cuando fueron acogidos con simpatía por médicos y enfermeras del MBS que atendían las obras sociales de los sindicatos de la Alimentación y la UOCRA. El doctor Avalos los inscribió en su registro y pasaron la noche colaborando con ellos.

Más o menos a esa hora se pidió por radio la presencia de Osinde o Norma Kennedy, pero en lugar de ellos llegó alguien que los médicos conocían como el secretario de Osinde, el señor Iglesias. Era el responsable de la seguridad del palco.[53] Se dirigió a la lomada de la derecha del palco y conversó con los emponchados. Poco después la guardia fue reforzada con más hombres con armas.

A la izquierda del puente se ubicaron los que se hacían llamar Halcones. Llevaban escopetas de doble caño recortadas, su jefe se apelaba Cacho y describían su misión como preventiva para que nadie pudiera colocar explosivos en el palco.

La madrugada no fue tranquila. En torno del palco había una multitud de entre 40 y 100.000 personas. Presionaron por acercarse a las líneas de contención y desde el puente El Trébol los efectivos de la Comisión Organizadora abrieron fuego a las 2.10. Cuando concluyó el desbande, una ambulancia se abrió paso y retiró el cuerpo de un hombre joven caído.[54] Tenía dos balazos en la espalda y la cabeza destrozada. También se atendieron en el palco a otros heridos de bala, mientras se producía una avalancha sobre el cordón de seguridad del puesto sanitario.[55]

A las 3 otro de los Halcones ubicados en la torre de los altoparlantes disparó su escopeta. La multitud respondió con gritos y comenzó a arrojar piedras contra el puesto sanitario, al que desde entonces identificó como

127

la Juventud Sindical, cuyo estandarte flameaba dentro de su perímetro.

—*Vázquez dice que no hay que palpar de armas a la gente con brazalete verde porque es la que colabora* —escucharon el pastor y la enfermera.

Vázquez vestía guardapolvo de médico, pero daba órdenes a la gente armada:

—*Hay que identificar a todos los que no tengan el brazalete verde y controlar a los que se acerquen diciendo que necesitan atención médica.*

Escaramuzas, con heridos de bala y contusos, se repitieron durante toda la noche y arreciaron al llegar los ómnibus que traían al Frente de Lisiados que respondía a la Juventud Peronista.

Con las primeras horas del día aumentó la cantidad de jóvenes y adolescentes ebrios. Muchos necesitaron la atención del puesto sanitario.

—*Vinimos a defender al general de los enemigos. Los vamos a matar* —explicaban.

Cacho condujo hacia el puesto sanitario a medio centenar de adolescentes de Quilmes, que relevaron de la custodia a los Halcones. A la luz del miércoles 20, el pastor y la enfermera vieron que los accesos laterales al puente estaban controlados y sólo se permitía el acceso a quien bajara a la rotonda de la ruta 205. La guardia armada en el sector del puente seguía las órdenes de Juan, que disponía relevos cada dos o tres horas, en tandas que sumaban centenares de hombres. Todos estaban tensos y fatigados.

Poco después de mediodía se escenificó otro cuadro premonitorio. Un helicóptero H 16 de la VII Brigada Aérea levantó nubes de hojas y tierra al practicar el descenso a un costado del puente El Trébol. Cuando la curiosidad del público lo acercó a la máquina, centenares de custodios lo impidieron, tomándose de las manos alrededor del helicóptero, y unos cuarenta jóvenes vestidos de sport hincaron rodilla en tierra y apuntaron a la gente con pistolas automáticas, carabinas de caño recortado y metralletas.[56]

Faltaba menos de una hora para la tragedia.

Iñíguez se va a la guerra

Con 15 grúas, tres camiones y dos coches del Automóvil Club, el general Miguel Angel Iñíguez coordinó las comunicaciones del aparato de seguridad dirigido por el teniente coronel Osinde.

La red del Automóvil Club era técnicamente de las mejores del país, pero los activistas del COR no eran expertos en su manejo y provocaron una fenomenal confusión.

La sustitución de los eficientes operadores del Comando Radioeléctrico de la Policía Federal por aficionados civiles no respondió a un error de Osinde sino a una decisión política. La organización profesional de la Policía y la neutralidad de sus jefes en la pugna peronista obstaculizaban la consigna facciosa de copar el acto o disolverlo a balazos.

Osinde había pedido un núcleo de suboficiales del COR para sumarlos a la custodia del palco, pero Iñíguez se negó afirmando que su organización iba completa o no iba. Al fin acordaron que Osinde conduciría el operativo e Iñíguez dirigiría las comunicaciones.

Al caer la noche del 19 de junio sesenta hombres del COR comenzaron a llegar al Sindicato de Sanidad de la Capital Federal, donde los recibía con una palmada en la espalda y sin palabras un oficial retirado del Ejército. Muchos eran activistas de la zona Oeste, vinculados con Manuel de Anchorena. Se habían reunido por última vez en abril en una quinta de Moreno, propiedad del coronel Mariano Cartago Smith, lugarteniente de Iñíguez. Yarza y Manuel Arcadini, de General Rodríguez; Acre, de Merlo; Aldo Casareto, de Moreno, dieron cuenta de empanadas y chorizos mientras Smith exponía sus planes para contener a la Juventud Peronista.

La red del COR

El dispositivo de Osinde reunía grupos distintos: la Juventud Sindical, la CGT, los ocupantes del Hogar Escuela, los custodios del palco, los ocupantes de Ferrocarriles en la estación Retiro, los que controlaban LR2 Radio Argentina, los ocho móviles de la agencia noticiosa Telam a cargo del teniente coronel Jorge Obón. Los operadores del COR tenían que organizarlos en una red única de comunicaciones. Poco después de la medianoche del 20 de junio tuvieron listo su esquema de transmisiones que fue puesto a prueba a las 4 de la madrugada del miércoles 20.

En un tren que había partido de Córdoba se suponía que llegaban grupos del ERP y se ordenó detenerlo antes que entrara a Retiro. El COR también organizó mediante su red radial el desplazamiento hacia Ezeiza de 300 hombres propios, llegados desde Rosario con el denominado comandante Puma II, quien días antes había ocupado el sindicato rosarino de Sanidad con el beneplácito policial. Por alguna razón los uniformados consideraban a Puma II como uno de los suyos.

A las 11 el COR envió su móvil 6 a Radio Argentina, ocupada por la seudo agrupación de prensa de Damiano, y a esa misma hora se produjeron los primeros disturbios frente al Hogar Escuela, suscitados por sus ocupantes de la Juventud Sindical y el Comando de Organización.

—*Se han detenido varios vehículos con la sigla FAP y FAR* —informó a las 13.40 el móvil del COR estacionado frente al Hotel Internacional. Comenzó así un acoso sistemático que sólo terminaría con el último disparo.

—*Son cuatro vehículos con cinco personas en cada vehículo* —precisó a las 13.55—. *Llegaron tocando un clarín* —añadió.

Diez minutos después otro parte radial:

—*Grupos de FAR se aproximan por la parte trasera del palco.*

—*¿Grado de combatividad del grupo?* —le inquirieron desde la Central de Comunicaciones en el Automóvil Club.

—*El grupo es de 1.500 a 2.000 personas. Todavía no se ha podido apreciar el grado de combatividad* —contestó el móvil.

(Es decir que su actitud no era beligerante.)

Desde la Central de Comunicaciones insistieron:

—*Informe si el grupo se identifica por sus cartelones o si es un grupo combatiente o militante que se identifica por sus uniformes o sus insignias.*

—*No, es un grupo con carteles.*

(No era una fuerza militarizada.)

—*El grupo ya ha sido empujado por la Juventud Sindical y ha retrocedido* —describió el móvil del COR.

(Fueron rechazados desde el primer momento.)

—*Hay otra columna de 3.000 personas conducidas por FAR y Montoneros* —advirtió la radio del COR.

—*¿Cómo se identifican?* —quiso saber la Central.

—*Hasta ahora sólo con carteles.*

(Sólo con carteles. Ni portaban armas ni disimulaban su identidad.)

A las 14.20 el general Iñíguez se presentó por segunda vez en el día en la sala de transmisión del Automóvil Club, y a las 14.25 uno de sus móviles alertó a las fuerzas que aguardaban en el palco que había divisado a otro grupo:

—*Son mil montoneros, identificados por el cartel.*

(Igual que los anteriores, con carteles y sin armas.)

A las 14.29 esa columna con carteles de FAR y Montoneros, no militarizada ni en actitud beligerante, se acercaba al palco y fue recibida por sus guardianes con ráfagas de metralla. Los hombres de Iñíguez dieron la señal, los de Osinde oprimieron el gatillo.

Los que estaban ubicados en el estrado dispararon sus carabinas, escopetas, ametralladoras y pistolas y los sindicalistas armados se lanzaron a perseguir a los atacados que se desbandaban.

—*Lo recibo muy entrecortado. Entendí grupos a la carrera* —dijo COR Cabecera a COR Madre, a las 14.40, es decir minutos después de abierto el fuego desde el palco.

COR Cabecera era el general Iñíguez. COR Madre el metalúrgico Aníbal Martínez, de la Juventud Sindical, que transmitía desde el Hogar Escuela.

—*Grupos a la carrera se aproximan al palco* —interpretó y retransmitió Iñíguez.

—*Vienen para el Hogar Escuela, grupos vienen corriendo para el Hogar Escuela* —lo corrigió Martínez, quien desde su posición no podía saber lo que sucedía en el palco.

(Son los manifestantes que se dispersaron después del primer tiroteo y buscaron refugio lejos del palco. A sus espaldas, los custodios seguían persiguiéndolos y haciéndoles fuego.)

—*Detrás del bosque hay personas tirando a granel. Sigue yendo gente para el Hogar Escuela* —insistió Martínez a las 14.45.

(El plano del lugar que se publica en la página 291 aclara lo que ocurría. Detrás del bosque, en

línea recta hacia el Hogar Escuela, lo único que había era el palco. De allí tiraban. El enfrentamiento continuó cerca de veinte minutos entre fuerzas del mismo bando, pero desde la Central de Comunicaciones Iñíguez hizo creer a unos y otros que los asediaban los montoneros.)

—*La situación se tranquiliza y se pone brava por momentos. Hay un equipo trabajando en medio del bosque, parece ser la gente de COR y CGT* —comentó Martínez desde el Hogar Escuela a las 15.

(El primer combate del Hogar Escuela ha concluido. El COR y la CGT están capturando prisioneros que luego serán maltratados en el Hotel Internacional.)

Martínez salió entonces del Hogar Escuela con su móvil, recorrió hasta formarse una impresión de lo que estaba sucediendo, y a las 15.35 ya tenía elementos para comunicar a COR Cabecera el error cometido:

—*Palco en poder de la gente del teniente coronel Osinde.*

Cabecera retransmitió el mensaje a Gaeta, quien con otro transmisor aún permanecía en el tercer pabellón del Hogar Escuela:

—*Compañeros del Hogar Escuela, palco en poder del teniente coronel Osinde.*

Ya fuera del Hogar Escuela, Martínez siguió actuando como observador del terreno y sus informes fueron difundidos por COR Cabecera a los demás puestos del dispositivo. A las 16.15, Martínez transmitió a Cabecera un mensaje que de inmediato se retransmitió al palco:

—*Se aproxima columna con carteles Patria Socialista.*

(Este fue el aviso que desencadenó el segundo gran tiroteo, en el que se repitió la confusión de dos horas antes.)

A las 16.45, luego de un cuarto de hora de fuego incesante, Iñíguez formuló una tímida pregunta:

—*Quisiera saber si el palco está en poder de nuestras fuerzas o de FAR y Montoneros.*

—*Hogar Escuela y palco están en poder de propia fuerza* —le contestaron, cuando Perón ya había aterrizado en la base aérea de Morón.

A las 16.50, pese a la aclaración, que tal vez no había escuchado, Iñíguez entendió alarmado que FAR y Montoneros rodeaban el Hogar Escuela, y a las 17.10 sentenció:

—*Indudablemente el palco ya no está en manos de fuerzas leales, está cargado de francotiradores, no se puede pasar en las proximidades. Tiran a mansalva, inclusive sobre ambulancias y coches particulares.*

(Esta fantástica ocupación del palco que los hombres de Osinde nunca abandonaron y que nadie les disputó, sólo transcurrió en la mente nublada del general golpista. Ni siquiera cuatro horas después de la primera escaramuza, el fósil advertía que quienes seguían haciendo fuego desde el palco eran los suyos, que, como él dijo, disparaban a mansalva.)

Su premio fue modesto: la jefatura de Policía, donde no duró mucho porque el plan que debía seguirse necesitaba gente más lista que él.

El agresor agredido

En 1971 obtuvo el carnet número 5 al abrirse la reafiliación al Partido Justicialista, y en junio de 1973 decidió pasar en Buenos Aires su licencia anual. Quería ver de cerca a Perón.

El agente Raúl Alberto Bartolomé, chapa 2798, de la sección canes Tomás Godoy Cruz de la policía mendocina llegó a La Plata con su Colt 11.25 reglamentaria y una filmadora 8 mm, el 19 de junio. En la Unidad Básica Número 10, de la calle 60 entre 134 y 135, convino que iría a Ezeiza en un ómnibus de la empresa Río de la Plata, junto con militantes de la Concentración Nacional Universitaria, CNU.[57]

Al mediodía del miércoles 20 arribaron a Ezeiza. Se ubicaron a 200 metros del palco, sobre su izquierda si se mira hacia el aeropuerto. Allí lo sorprendió el primer choque, que duró un cuarto de hora. Bartolomé y sus acompañantes de la CNU pedían calma a la gente que corría aterrorizada por los disparos, hasta que comenzaron a llegar ambulancias y cesó el fuego.

Logró ascender al palco con su filmadora. Estaba haciendo sus primeras tomas de la multitud cuando escuchó que por los altavoces se ordenaba que descendieran a tierra quienes estaban trepados a los árboles y abandonaran el palco quienes tuvieran cámaras fotográficas o cinematográficas.

No tuvo tiempo de cumplir la directiva cuando volvieron a sonar disparos. Se echó cuerpo a tierra y observó que abrían fuego desde unos árboles situados a unos cien metros.

—*Son los provocadores comunistas* —oyó decir.

Bartolomé guardó la filmadora y empuñó su pistola para repeler la agresión comunista. Mientras los custodios contestaban al fuego contra los árboles y se descolgaban del palco en busca de los atacantes, un hombre con un brazalete azul y blanco que en letras negras decía Comisión Organizadora le ordenó cubrir el sector que daba hacia el aeropuerto.

—*Los comunistas quieren tomar el palco por ese lado, o distraernos para coparlo por otra parte* —le indicó.

Cuando los que habían abandonado el palco regresaron de perseguir a los comunistas, Bartolomé descendió por la parte trasera y se alejó por un bosquecito de pocos árboles.

En ese momento volvieron a recibirse disparos contra el palco y la custodia a contestarlos. Bartolomé quedó entre dos fuegos y con su arma a la cintura se tendió en el suelo mientras duró la refriega.

"Los hombres de seguridad comenzaron a avanzar y los comunistas a retroceder y tomaron un colegio que había enfrente y comenzaron a disparar desde ese sitio, desde ventanas, contra los hombres de seguridad", creía Bartolomé. Luego de 15 minutos los hombres de seguridad retrocedieron y uno se parapetó detrás del mismo árbol que cubría a Bartolomé.

—*¿Qué ocurre?* —preguntó el policía mendocino.

—*Se nos están acabando las municiones. Los comunistas se dieron cuenta y están saliendo del colegio para atacarnos* —le replicó su compañero de árbol, también convencido de que el Hogar Escuela había caído en poder del enemigo.

Bartolomé tenía su pistola reglamentaria y dos cargadores. Se ofreció para ayudar:

—*Yo cubro la retirada. Ustedes corran hasta el palco.*

Cuando regresaron reaprovisionados a sus posiciones, Bartolomé había agotado sus proyectiles. Uno de los hombres con brazalete ordenó:

—*Tiren todos que hay uno que regresa al palco.*

Arrastrándose, Bartolomé salió del bosque hasta quedar fuera de la línea de tiro y corrió hasta el palco en procura de municiones.

—*¿Personal de seguridad?* —le inquirieron al llegar.

—*Soy afiliado, pero no pertenezco a ninguna organización. Sólo estoy colaborando* —explicó.

—*Dame tu arma y la filmadora* —le ordenaron. Los entregó confiado, esperando que al regreso de sus compañeros de tiroteo se aclararía la situación.

Lo condujeron hasta la cabina blindada del palco. El que todos llamaban comisario tenía 48 o 49 años, medía 1,70 y vestía sobretodo claro. Era calvo y peinaba con gomina sus sienes.

—*Sentáte en el suelo* —le ordenó.

—*Señor, yo...*

—*Sentáte en el suelo, te dije.*

Así pasó media hora.

—*Aquel es uno* —oyó que decía un recién llegado. Otros dos lo levantaron en vilo y le cerraron la boca a golpes cada vez que intentó contar su historia. Lo transportaron por el aire hasta una de las barandas que rodeaban el palco, lo colocaron de espaldas y de un puñetazo lo hicieron volar por encima de la cerca.

Entre dos lo metieron en un auto y lo bajaron en el Hotel Internacional con el caño de una pistola en la cabeza. Así lo llevaron hasta el descanso de una escalera del primer piso, lo sentaron a trompadas y culatazos en una silla, le quitaron primero las botas y después la campera, de cuyos bolsillos vio salir con callada nostal-

149

gia su reloj, los documentos, dinero y un mapa de la ciudad de Mendoza en el que estaban señaladas las jurisdicciones policiales.

Le colocaron la campera como capucha en la cabeza y lo siguieron golpeando.

—*¿Dónde están los otros comunistas?* —le preguntaron entre tunda y tunda.

Cansados de sus balbuceos, le quitaron la campera de la cabeza. Sintió el metal frío en la frente.

—*Cantá o te mato.*

Otra voz se superpuso a la primera, más segura.

—*¿Quién es el mejor adiestrador de la compañía de canes de Mendoza?*

Antes de matarlo, la voz dudó y le hizo una pregunta que sólo otro mendocino, policía y de la sección canes, pudiera contestar.

Bartolomé dio al instante el nombre de un suboficial de la provincia.

—*Me parece que nos equivocamos* —comentó la segunda voz, y el caos volvió a ser mundo.

Lo condujeron a una habitación del hotel, lo acostaron, lo revisó una médica, le inyectaron calmantes, dejó de temblar y cerró los ojos, ensangrentado y dolorido.

—*Flaco, nos equivocamos. Ahora tenemos confianza en vos y te dejamos solo* —le dijo un hombre con brazalete de la Juventud Sindical.

—*Me llamo Oscar Valiño, queremos pedirle disculpas* —se presentó otra voz, cuando había transcurrido un lapso, que Bartolomé no supo medir—. *Coma algo, aquí tiene, se va a poner mejor.*

—*No gracias, no puedo probar nada* —desechó Bartolomé.

Más tarde se lavó la sangre seca, descansó otro rato en la Planta Baja del hotel, hasta que Valiño lo llevó a su casa, en la calle Veracruz 826, de Lanús Oeste, donde pasó la noche. El jueves 21 lo acompañó a La Plata. Llamaron a la puerta con el número 2184 de la calle 60. Néstor Cibert los condujo a la Capital Federal, donde intentaron entrevistar en vano a Osinde o Ciro Ahumada, para reclamar el arma, la filmadora, los documentos, el dinero.

Después de dos días de gestiones inútiles compró su pasaje en el tren El Zonda. Llegó a Mendoza a las 16.05 del domingo 24. A primera hora del lunes se presentó a su jefe y a media voz y con un ojo semicerrado le confió su triste historia.

Alto el fuego

Tomás Enrique Chegin tenía 25 años. No era ideólogo ni general sino operario metalúrgico. Por eso no incurrió en ninguna de las confusiones del senil Iñíguez, y arriesgó la vida para aclarar una de ellas.

Después de las 14.30 escuchó disparos detrás del palco. Puso a su mujer a cubierto debajo de un camión y se encaminó a la zona de donde provenían. Vio a los encargados de seguridad del acto repeler la agresión.

Al reiniciarse el tiroteo divisó a un grupo que disparaba hacia donde él estaba. Se parapetaban "en un Hogar Escuela que da al frente de la ruta 205, saliendo de la autopista hacia la izquierda".[58]

Chegin no vaciló. Se trepó a un muro, se quitó la camisa y la usó para hacer señas hasta que consiguió un alto el fuego, "reconociéndose entonces dichos grupos antagónicos como pertenecientes a una misma fracción"[59].

Dentro del Hogar Escuela vio un grupo armado, con brazaletes de la Comisión Organizadora, y varias mesas con armas. Su intervención para impedir que los gendarmes de Osinde y los jóvenes del C de O se masacraran entre ellos no le valió de mucho. Como otros manifestantes aislados que se desbandaron al oír los disparos, fue capturado entre los árboles y golpeado en una casilla del palco oficial.

Tampoco tuvo mejor suerte José Almada, agente de la seccional 30ª del Cuerpo de Policía de Tránsito de la Policía Federal. Llegó a Ezeiza al mediodía del martes 19 y planeaba aprovechar al aire libre de los feriados del 20 y el 21.

Los primeros estampidos que oyó, poco después de las 14.30, se originaban detrás del escenario. Observó gente agazapada debajo del palco y a medida que se aproximaba distinguió un enfrentamiento entre un sector del escenario y un grupo de cien personas ubicadas detrás del palco.

Al interrumpirse ese tiroteo se produjo una avalancha sobre las vallas que bloqueaban el acceso al palco. Almada fue arrastrado. Cuando la masa humana superó las vallas desde atrás del palco abrieron fuego sobre ellos. El grupo que desbordó las cercas no disparaba, ni portaba armas, sólo mástiles de estandartes y cartelones, recordó Almada. "En consecuencia por su acción no hubo bajas en el grupo que los tiroteaba, entendiendo que debe haberlas habido entre quienes integraban el que avanzaba".[60]

Los que habían disparado desde atrás recuperaron sus posiciones frente al palco, y el grupo que integraba Almada volvió a progresar. Un hombre tiró con una pistola hasta quedar sin municiones. La arrojó al suelo, abrió una navaja sevillana y la colocó sobre el cuello de un chico de diez años. Almada ayudó a desarmarlo y liberar al rehén. También participó en la captura de otro hombre que les hacía fuego con una pistola Ballester Molina 22. Los dos fueron entregados a un comisario inspector en un puesto próximo de la Policía de Buenos Aires.

En cambio trasladaron al palco a otro hombre, que salió del Hogar Escuela y atacó la zona del palco con granadas.

El policía de tránsito Almada, como el metalúrgico

Chegin y el agente mendocino de la sección canes Bartolomé confirman que uno de los combates más encarnizados sucedió por error entre los ocupantes del Hogar Escuela y los custodios del palco. Por eso el agresor con granadas, capturado y entregado al palco, fue puesto en libertad por sus compañeros, que ni lo maltrataron en el hotel como hicieron con Almada ni lo pusieron en manos de la policía.

Ningún granadero figuró detenido el 20 de junio.

El micrófono

"Los drogadictos, homosexuales y guerrilleros no pudieron triunfar, no tomaron el micrófono para difundir sus mentiras, no coparon el palco de Perón y Evita", sostuvo al cumplirse un mes del tiroteo una declaración que Osinde hizo publicar con la sigla de la Juventud Peronista.[61]

Dos grabaciones de tres horas, entre las 15 y las 18 aproximadamente, tomadas desde el público y en el palco, nos ayudarán a analizar qué uso dieron sus poseedores a ese micrófono por el cual según afirman combatieron.

En ese lapso se distinguen en el palco dos voces, la del locutor oficial Leonardo Favio y la del mayor Ciro Ahumada. En segundo plano se escuchan frases cortadas de anónimos guardias del palco. "Mátenlo, a ese que agarraron, mátenlo", ordena uno de ellos. Otro informa: "Le voy a revisar la máquina al que filma esto". "Ahí lo tiraron a la cabina, viejo", describe un tercero.

La cinta grabada desde el público comienza a las 15, después del primer tiroteo. Como fondo suenan bombos y sirenas de ambulancias. Por los parlantes se irradia la marcha peronista y Favio sostiene que ha triunfado la serenidad.

—*Vamos a escuchar un par de disquitos. Esta fiesta es hermosa y nada la puede empañar* —pretende el locutor. Pero sin transición ruega que se abra paso a la ambulancia y se entonen cánticos de alegría.

Estas incoherencias se repitieron durante tres horas, con menciones indirectas a la tragedia que se desarrollaba, angustiosas para los manifestantes que no escucharon los tiros ni supieron más que por Favio que algo anormal sucedía.

Osinde había almorzado con el vicepresidente Lima en el restaurante El Mangrullo luego de sobrevolar la concentración en un helicóptero, a las 12.45 y no a las 15 como sostuvo en un descargo posterior. Después volvió al palco del que se retiró minutos antes del primer tiroteo, a las 14.30. Delegó las comunicaciones en el teniente coronel Schapapietra y con su joven chofer de rubio pelo enrulado y su guardaespaldas alto y canoso, ambos armados con ametralladoras, se dirigió al Comando de la Fuerza Aérea en la base de Ezeiza, donde le avisaron que se había producido el primer enfrentamiento.

Salió hacia el Hotel Internacional, donde tenía un puesto de comunicaciones. Tres hombres armados guardaban la puerta de su habitación. Allí se reunió con Norma Kennedy y Guillermo Hermida, presidente del Congreso Metropolitano del Partido Justicialista y vinculado a la UOM, que había integrado la seguridad de Perón en el regreso de noviembre de 1972.

Estaban escribiendo a máquina cuando recibieron detalles sobre la magnitud del tiroteo.

Se sumaron a la reunión el secretario de Informaciones del Estado, brigadier (R) Horacio Apicella; el secretario general de la Presidencia, Héctor Cámpora (h); el secretario general peronista, Abal Medina; el ministro del Interior, Esteban Righi; el dirigente de la JP, Juan Carlos Dante Gullo; el encargado de la televisación del acto, Emilio Alfaro; y más tarde el vicepresidente Lima, quien había prolongado su sobremesa en El Mangrullo.

Gullo propuso que Lima y Abal Medina subieran al

palco y hablaran por el micrófono para serenar a la multitud, pero la profusión de balas no se juzgó saludable para quien ejercía interinamente la presidencia.

—*De todos modos es necesario dar una respuesta política y no represiva* —insistió Gullo.

—*Nadie de la Juventud Peronista va a tocar ese micrófono* —le replicó en un alarido Norma Kennedy.

Cuando se resolvió que la máquina descendiera en la base de la Fuerza Aérea en Morón, se planteó la necesidad de establecer un puente de comunicaciones para que Perón o Cámpora hablaran desde allí al público reunido en Ezeiza. Alfaro informó que había equipos previstos en la casa de la calle Gaspar Campos, en el aeroparque y en la Casa Rosada, pero no en Morón.

Del trabajo a casa

Un móvil de la radio privada Rivadavia que montaba guardia en Gaspar Campos se desplazó hasta Morón para que Cámpora pudiera pronunciar un breve mensaje en el que acusó a "elementos en contra del país" por haber "distorsionado el acto" y recordó la consigna de Perón "de casa al trabajo y del trabajo a casa".

Favio, sin más directivas que no ceder el micrófono, seguía en el palco, enfrentando un pandemonio que lo excedía. Minutos antes de las 16 se dirigió a personas trepadas en los árboles.

—*Por favor, tienen que bajar en cinco minutos para tener un control más estricto* —les pidió en tono sereno.

¿Sabía Favio que se trataba de personal de la custodia? La fotografía del diario *Clarín* que se reproduce en la página siguiente lo demuestra. Se trata de una tarima de madera, con gruesos brazos de hierro, asegurados a las ramas de un árbol con remaches de acero, una obra complicada que nadie pudo instalar en el radio de segu-

161

ridad del palco sin autorización de quienes desde días atrás controlaban el terreno.

El público también parece tranquilo y corea: *El que no baja es un gorilón*, y *Que se bajen, que se bajen*. El jolgorio se explica porque sólo se trataba de verificar la ubicación de la propia gente después de la confusión inicial.

A las 16.20 Favio anunció que era inminente el arribo de Perón, y cambió de tono:

—*Si en el término de medio minuto no ha descendido hasta el último elemento que se encuentra en los árboles, los compañeros de seguridad comenzarán a actuar.*

Le deben haber obedecido, porque pidió un aplauso para "los compañeros que van descendiendo". Los elementos volvían a ser compañeros. Pero un poco más tarde, insistió:

—*Los compañeros que estén en los árboles, eviten un incidente que puede llegar a tener características trágicas. Desciendan inmediatamente. Es el último aviso de los encargados de la seguridad del acto. Les van a informar en términos técnicos de qué modo van a ser desalojados.*

El técnico que tomó el micrófono fue Ciro Ahumada. Con voz aguda informó que "las fuerzas de seguridad los están observando con miras ópticas" y los intimó a "descender de inmediato", porque de lo contrario "se impartirá la orden para bajarlos". En forma cada vez más imperativa, el militar gritó:

—*De inmediato, bajar. No puede quedar uno solo arriba de los árboles.*

Y finalmente:

—*¡Bajen de inmediato, o bájenlos!*

Era la orden de fuego. Favio completó el doble mensaje esquizofrénico:

—*En este día maravilloso de reencuentro del pueblo con su líder los invito a que cantemos en paz, en armonía.*

164

Vamos a prepararnos para recibir a nuestro líder —dijo con una entonación deliberadamente infantil.

Las consecuencias de la decisión de Ahumada hicieron estragos en este zoológico de cristal. La voz de Favio se escuchó alterada cuando recuperó el micrófono: "Les ruego por favor que piensen en los niños y las mujeres. Desde los árboles nos están disparando. Mantengan el control, mantengan la serenidad. Hacia la derecha, hacia la derecha del palco se encuentra parte de nuestros enemigos".

Ahumada había ordenado que desde el palco se iniciara el fuego, y alguien lo estaba contestando. La multitud no veía ni entendía los sucesos, y por el micrófono no se le transmitieron ni una idea política ni una explicación comprensible de lo que estaba pasando. Sólo palabras inconexas: "El pueblo peronista es un pueblo valeroso y obediente. Sabemos dónde se encuentra cada uno. Este es un ejemplo maravilloso de serenidad e inteligencia. Piensen en los niños. Manténganse en su lugar y no sean pasto de la confusión.

"Compañeros, vivemos a Perón: Viva Perón, Viva Perón, Viva Perón".

Favio no informaba al público lo que ocurría pero le solicitaba que se conservara "alerta y observando cada uno de los acontecimientos" que nadie podía apreciar si estaba a más de 50 metros.

Mientras volvían a escucharse sirenas, Favio pronunció las palabras mágicas:

—*Viva Perón, Viva el general Perón. Viva Isabel Perón. Larga vida al general Perón.*

Luego sugirió cantar el Himno Nacional, que en la cinta grabada desde el palco se mezcla con órdenes y reclamos: "Oíd mortales el grito sagrado, libertad, libertad, libertad... *pero viene del lado de atrás...* ya su trono dignísimo abrieron... *Perón, Perón...* y los libres del mundo responden... *Machuca para ese lado, Machuca*

para ese lado, que tenemos armas allí... oh juremos con gloria morir... *no tiren compañeros... no tiren...* oh juremos con gloria morir... *lateral compañeros...* oh juremos con gloria morir.

Tirado en el piso de la cabina a prueba de balas Favio se ofreció como modelo de serenidad. "El elemental resguardo de seguridad me hace permanecer en esta posición, pero estoy totalmente tranquilo, porque estoy contagiado del valor de ustedes, el pueblo peronista del general Perón. Paz, armonía, tranquilidad y ejemplo. El mundo nos contempla."

El mundo tal vez no, pero sí algunos de sus acompañantes en el palco. La voz de uno de ellos surge nítida:

—*Calláte, ché salame. Pará un poco, ché, ahí arriba.*

Con estas atinadas palabras concluye la grabación desde el palco. La registrada entre el público prosigue con fondo de cantos y bombos. Un improvisado orador se hace oír con dificultad. "El general Perón" —dice— "ha regresado a la Patria después de 18 años... a cada uno de nosotros lo que nos tenga que costar... que no nos aisle nadie nuevamente al general Perón de todos nosotros... de la revolución peronista".

La presunta batalla por el micrófono se reduce a esta comprobación. Ya sabemos qué dijeron, y qué temían oír.

¿Peronistas o hijos de puta?

FAR y Montoneros creían que la concentración de Ezeiza desequilibraría ante los ojos de Perón la pugna con la rama política tradicional y los sindicatos. Cuando el ex presidente observara la capacidad de movilización de la Juventud Peronista y de las formaciones especiales que habían forzado al régimen castrense a conceder elecciones, se pronunciaría en su favor y le haría un lugar a su lado en la conducción. Sólo debían repetir el 20 de junio el acto del 25 de mayo y llegar hasta la primera fila. Incluso los sobrevivientes de Trelew, María Antonia Berger, Alberto Camps y René Haidar podrían ascender al palco y saludar junto a Perón, como símbolo de esa identidad del Líder con su juventud maravillosa.

El obstáculo principal que consideraban era la dirigencia sindical y su grupo de choque, el Comando de Organización, que tratarían de evitar la llegada de las masas organizadas por la izquierda peronista a las proximidades del palco. Confiaban en sortear la dificultad con su capacidad organizativa y mediante un dispositivo modesto y simple para romper eventuales cordones. Ambos bandos tenían experiencia, porque los encontronazos eran frecuentes. Brito Lima, por ejemplo, basaba su poder en la pericia de un grupo de cadeneros que lo reconocían como su jefe.

La columna que venía del sur agrupaba gente de

Bahía Blanca, Mar del Plata, La Plata, Berisso, Ensenada, Lanús, Avellaneda, Quilmes, Monte Grande, Lomas de Zamora, Almirante Brown, Esteban Echeverría, Valentín Alsina. Su conducción se desplazaba en un jeep, cuyos ocupantes tenían armas cortas y una ametralladora, la única arma larga que ese bando llevó a Ezeiza.

La mayoría de las cortas eran 22 y 32 y algunos responsables tenían 38. Siempre revólveres, casi no había pistolas automáticas. Preveían algunos forcejeos pero no un tiroteo serio.

En la columna marchaban muchas mujeres y niños, hombres mayores, chicos y chicas de 18 a 22 años, a pie y en ómnibus de las intendencias de Lomas, Lanús, Quilmes y Avellaneda.

Los del sur del Gran Buenos Aires se reunieron en Monte Grande con los de La Plata y el sur de la provincia. Las directivas eran las aprendidas de la vasta experiencia en movilizaciones de 1971 y 1972: encolumnarse por zonas, no dispersarse, ir tomados de las manos, impedir el ingreso de desconocidos, evitar provocaciones.

En el jeep con altoparlantes se desplazaban dos montoneros. Horacio Simona, de 28 años, y José Luis Nell Tacci, de 35, quien era una pieza viva de la historia del peronismo posterior a 1955. Militante del grupo nacionalista Tacuara, participó en 1964 en el asalto al Policlínico Bancario, que dio comienzo a la guerrilla urbana peronista. Preso y condenado, huyó de los Tribunales, y en Uruguay se puso en contacto con los Tupamaros. Con ellos adquirió una formación teórica que antes no le había interesado. Participó en operativos audaces, expropiaciones, secuestros, hostigamientos. Cayó preso, fue torturado, organizó la espectacular fuga del penal de Punta Carretas y volvió a la Argentina, donde intervino en la organización de la Juventud Peronista.

Los distintos grupos conformaron la columna definitiva en la ruta 205 y avenida Jorge Newbery, de acceso al aeropuerto. De allí siguieron, preocupados por la prohibición de acceder por detrás del palco.

Habían decidido desoírla, porque la consideraban parte de una maniobra para suprimir de la concentración a la gente del sur u obligarla a llegar la noche anterior a primera hora de la mañana.

Los organizadores de la JP no dormían desde el día anterior, para recorrer los barrios de cada partido, conversar casa por casa con la gente, conseguir medios de transporte y coordinar los lugares y horas de cita con los de las otras zonas. Los manifestantes de los barrios populares de Villa Albertina, Ingeniero Budge, San Francisco Solano, Berisso, Ensenada, habían dejado el lecho en mitad de la penúltima y fría noche del otoño. Así y todo llegaron a la zona del acto pasado el mediodía. Para ingresar por la avenida Ricchieri, de frente al palco como pretendían los organizadores, todo hubiera debido adelantarse seis o doce horas. Los vecinos de los barrios no hubieran descansado ni unas horas en la noche del 19 al 20.

Daban por supuesto que el propósito de la comisión que fijaba esos criterios arbitrarios era entorpecer el arribo de columnas organizadas, desalentar con la suma de obstáculos a los manifestantes menos decididos o resistentes, instigar a la asistencia de individuos aislados o, a lo sumo, de pequeños grupos, por barrio y no por zona.

Al saber que cordones del C de O se disponían a cortar el paso de la columna, su conducción se detuvo a un kilómetro del palco para deliberar cómo aproximarse. Decidieron avanzar por el Este, rodeando la parte trasera del palco, para pasar al otro lado y ubicar al grueso de la columna frente al estrado central. Un centenar de militantes de Berisso abriría el vallado del Comando de Organización, a cadenazos, como era habitual por uno y otro bando en esos años turbulentos.

173

Detrás de los cadeneros, pero antes de la columna, marchaban los portadores de las únicas armas cortas, con la consigna de intervenir sólo si eran atacados a tiros.

"Se siente, se siente, Berisso está presente", cantaban los manifestantes, aplaudidos por la multitud. Hubo gritos, insultos, unos pocos forcejeos, y el cordón del C de O cedió paso a la cabeza de la columna. Simona fue el primero en pasar.

Eran las 14:30 y en el palco todas las armas estaban listas para disparar.

Roto el cordón, sólo los primeros 300 manifestantes llegaron hasta el palco de invitados especiales, detrás de los responsables. El resto fue detenido por la densidad de la manifestación.

Desde el palco un hombre con el brazalete verde de la Juventud Sindical enrojeció gritando:

—*La Patria Socialista se la meten en el culo.*

Simona retrocedió, buscando dónde ubicar a tantos miles de personas. Al frente de la columna habían quedado la Juventud Peronista de Quilmes y de Avellaneda. Como no pudieron pasar volvieron hacia la parte posterior del palco, seguidos por las columnas de La Plata y de la Unión de Estudiantes Secundarios.

Leonardo Favio les pidió que no siguieran. "Sabía que les podían tirar. Venían cantando y traían carteles. Yo no vi armas, aunque no puedo decir que no las tuvieran", recordó después.[62]

En ese momento se inició el tiroteo y la columna se desbandó en varias direcciones. Los pocos hombres armados con cortas se arrojaron al suelo y contestaron al fuego. Del palco seguían tirando con armas largas y automáticas.

Las columnas se reagruparon, atendieron a sus heridos, evacuaron a quienes no podían seguir. Nell recorrió el terreno observando el dispositivo de Osinde. Vio un Peugeot quemado y otros dos autos semivolcados. Del Peugeot salió un hombre con un portafolios. Con su jeep embanderado Nell trepó por la loma lateral y estacionó a 100 metros del palco.

Habían pasado dos horas del primer tiroteo. Simona con un par de acompañantes trepó la loma y se echó a dormir dentro del jeep. Eran las 16.20. La columna de la Unión de Estudiantes Secundarios acampó detrás del palco. Algunos muchachos colocaron sus estandartes en la estructura tubular de uno de los palcos laterales y la mayoría se acostó a descansar en el pasto.

Por el micrófono se intimó a quienes estaban subidos a los árboles y Ciro Ahumada dispuso su desalojo. Siete hombres con fusiles, carabinas recortadas y ametralladoras, saltaron la valla de la pista de helicópteros y se dirigieron hacia la zona boscosa, encabezados por el capitán Chavarri.

En el camino se cruzaron con el jeep, donde Nell y Simona reposaban, desprevenidos y alejados de su columna, en compañía sólo de cuatro compañeros. Chavarri, que ya los había dejado atrás, regresó a la zona boscosa con un grupo de acompañantes, se detuvo frente al jeep e increpó a Nell:

—¿Qué quieren ustedes, quiénes son?

—Peronistas somos. ¿Y ustedes?

—Peronistas no. Ustedes son unos hijos de puta.

Nell estaba de pie al lado del vehículo. La ametralladora seguía dentro de un bolso cerrado, en el jeep. Chavarri le apunto su pistola 11,25 a la cabeza. Los dos hombres se miraron a los ojos. Ni Chavarri ni Nell habían reparado en Simona, que vio a su compañero indefenso y tiró primero. El militar cayó muerto y sus acompañantes corrieron hasta el palco desde donde se abrió fuego con armas largas contra el jeep.

Simona y Nell escaparon hacia los árboles. En el camino se encontraron con el grupo que Chavarri había

enviado hacia allí, que al recibir fuego del lado del palco lo respondió.

Los acribillaron desde menos de diez metros. Nell cayó de frente, con la cabeza dentro del bolso, del que aún no había salido la ametralladora. Simona yacía de cara al cielo. Se tocó el cuerpo y trató de desvestirse buscando la herida. Un compañero intentó arrastrarlo de una mano hasta un árbol, pero desde los otros árboles seguían tirando. Simona y Nell quedaron abandonados.

Volvieron por ellos cuando el tiroteo decreció. Simona estaba muerto, rematado con un disparo en la cara. Nell inmóvil, en la misma posición en que cayó herido, pero sin el bolso con la metra, que quienes remataron a Simona se llevaron, creyéndolo muerto.

Desde el Hogar Escuela, a espaldas de la loma donde se produjeron estos enfrentamientos, disparaban con FAL y carabinas, produciendo la confusión ya descrita en capítulos anteriores. De allí provino tal vez el disparo que abatió al adolescente Hugo Oscar Lanvers, de la Unión de Estudiantes Secundarios, uno de los que huyeron hacia el bosquecito, tomados entre dos fuegos, cuando los custodios del palco, avanzando por debajo de las gradas, comenzaron a balearlos. Tiraban desde arriba y desde abajo del palco, sobre los muchachos de la UES y hacia el bosquecito.

Dentro del jeep quedaron los documentos y las camperas de varios de sus ocupantes, que luego de concluido ese combate se dispusieron a recuperarlo. Se despojaron de sus brazaletes identificatorios y treparon la loma. Eran tres hombres, y sólo dos armados. Uno con dos municiones, el otro con tres.

Encontraron al jeep rodeado de gente desconocida.

—*Osinde mandó buscar el jeep. ¿Qué hacen aquí?* —mintió el jefe de la patrulla, el poeta Francisco Urondo.

Nadie contestó pero se alejaron y les permitieron

llevarse el jeep. Cuando lo pusieron en marcha, sin la llave de contacto que había desaparecido, y tomaron hacia la ruta, alcanzaron a oír una voz:

—*Ma que Osinde. Ustedes se lo van a afanar al jeep.*

Pero ya era tarde, y nadie los detuvo.

La pista segura

Cuando se reincorporó, Favio miró alrededor. Calculó que estaba frente a tres millones de personas tan desorientadas como él y por primera vez en ese día no supo qué decirles. Las imágenes de los linchamientos que había visto en el palco lo deprimían. Buscó a alguien que le indicara qué debía hacer porque se sentía anonadado. No encontró a ninguno de los responsables de la organización.

Dejó el palco y se dirigió hacia el Hotel Internacional. Tampoco allí estaban los organizadores. Agotado, entró en su habitación y se acostó. Golpearon a su puerta cuando aún no se había serenado.

—*Están torturando a los detenidos* —le dijo alguien.

—*¿Qué detenidos?*

—*Los muchachos que llevaron al palco. Los están golpeando. Los van a matar.*[63]

Corrió 15 metros por el pasillo, hacia la izquierda de los ascensores. Frente a una habitación había varias personas que trataron de cerrarle el paso.

—*Mirá loco, yo soy Leonardo Favio. Abajo está todo el periodismo del mundo. A mí ustedes no me paran.*

Lo dejaron pasar. Golpeó la puerta.

—*Abran* —gritaba.

—*Favio, quedate tranquilo, entrá solo* —le contestaron desde adentro.

Cuando la puerta se entornó Favio la empujó con el hombro y quedó dentro de la habitación. En las paredes había sangre. Seis hombres jóvenes estaban parados contra la pared, con las manos en la nuca, y otros dos detenidos en la cama, boca abajo. Mientras un custodio les apuntaba con un arma, otros les pegaban con manoplas, culatas de pistolas, trozos de mangueras y caños de hierro. Favio creyó que uno estaba agonizando. Imperativo, exigió que parara el castigo.

—*Ustedes la cortan aquí y yo me olvido de todo.*

—*¿Cómo lo hacés?*

—*Digo que los golpeó la multitud enardecida. Pero no los maten.*

Consiguió convencerlos. Estaba mareado y tenía náuseas, pero atinó a pedir los nombres de los ocho. Así les salvó la vida.

—*¿Vos cómo te llamás?*

—*Víctor Daniel Mendoza.*

Quiso anotar Víctor Daniel Mendoza en un papelito, pero no podía escribir. Alguien lo hizo por él. Cada uno dio su nombre: Luis Ernesto Pellizzón, José Britos, Juan Carlos Duarte, Alberto Formigo, Dardo José González, Juan José Pedrazza, José Almada.[64]

—*A estos hijos de puta hay que reventarlos* —amenazó uno de los torturadores—. *No se la van a llevar de arriba.*

Estaba descontrolado. Las rodillas de Favio se quebraban. Volvía la angustia.

—*O los atienden ya mismo o yo me mato* —alcanzó a decir, ahora lloroso.

—*¿Vos te matás?* —preguntó azorado un hombre con una cadena en la mano.

—*Esto no me lo olvido más. Quiero mirar de frente a mis hijos y si esto no se acaba ya mismo no voy a poder.*

Tal vez por el desconcierto, los apaciguó. Dejó plata para que les sirvieran café y cognac a los presos y salió de la habitación para buscar un médico. No había ninguno pero pudo tomar un cognac y escribir varias copias de la lista de nombres. Las fue repartiendo en la Planta Baja del hotel, una a cada rostro que le inspiró confianza.

Los cadenazos recomenzaron en cuanto Favio cerró la puerta. Mientras lo golpeaban en la cabeza y la espalda sus captores exigían que Formigo firmara que era comunista y que había sido sorprendido portando una ametralladora, datos visiblemente contradictorios. De Gónzalez pretendían que se declarara miembro del ERP. A Pedrazza le decían: "Tosco te mandó a vos". Con Mendoza fueron menos sutiles. Lo acusaron a golpes de manopla de militar en el ERP y en el Partido Comunista.

—*Ahora los llevamos al bosque y los regamos de plomo* —le anunciaron a Almada.

La plata del cognac y el café corrió la misma suerte que la pistola Tala 22, los 100 pesos y el pañuelo que le quitaron a Pedrazza; el reloj y los anteojos de Pellizón; los 4.800 pesos y el encendedor de Almada; los 175.000 pesos que llevaba encima Britos y los documentos de todos.

—*Si les preguntan, ustedes dicen que el café estaba calentito y que gracias por el cognac* —los instruyeron.

Favio buscó el auxilio de algún policía en el hotel, pero en el territorio de Osinde no encontró un solo uniformado. Al volver a la habitación sospechó que el reparto de golpes había continuado. Exigió que los presos pudieran sentarse y bajar los brazos, aguardó la llegada de una médica y recién entonces se fue a la Casa de Gobierno, donde lo esperaban Cámpora (h) y el ministro Righi, con quienes había hablado por teléfono.

Llegó a Buenos Aires cerca de las once de la noche y les narró lo que había visto.

A la una y media de la madrugada del 21 de junio, el invierno comenzó en la delegación Ezeiza de la Policía Federal con una llamada telefónica fuera de lo común, al 620-0119.

—*Aquí el coronel Farías, del ministerio del Interior. Comuníqueme con el oficial a cargo.*[65]

El comisario Domingo Tesone acudió al teléfono:

—*Le hablo por indicación del ministro del Interior. Escúcheme bien...*

—*Perdón coronel, pero antes debo verificar la autenticidad del llamado. ¿Dónde está usted?*

—*Le habla el coronel Farías, número 38-9027. Tengo órdenes urgentes del señor ministro.*

Colgaron. Tesone discó.

—*Ahora sí señor, lo escucho.*

—*Debe constituirse de inmediato en el Hotel Internacional de Ezeiza. Con todas las garantías del caso trasladar a los detenidos a la Jefatura de la Policía Federal. ¿Comprendido?*

Tesone interrogó primero al encargado del hotel, Jesús Parrado.

—*Las habitaciones del primer piso fueron reservadas por el Movimiento Nacional Justicialista, a nombre del teniente coronel Osinde* —informó Parrado.

En la habitación 115 había ocho personas, cuatro sobre una cama de dos plazas, dos sentadas en el suelo contra un placard y dos al pie de una ventana, inmóviles y doloridas. Le dijeron que no habían sido golpeados allí sino en las habitaciones contiguas.

Tesone las revisó. La 116 y 117 estaban revueltas pero limpias. Las paredes y las camas de la 118 seguían salpicadas de sangre. Los médicos Jorge Mafoni, Alicia Cacopardo y Alicia Bali, de las ambulancias 3, 63 y 70 del Centro de Información para Emergencias y Catástrofres de la Municipalidad de Buenos Aires, les hicieron una primera curación. Los que estaban en mejores condiciones fueron trasladados a la subjefatura de la Policía Federal, los demás a los hospitales Fernández y Ramos Mejía, donde contestaron las preguntas de los instructores policiales.

Cuando López Rega tuvo en sus manos el preciso informe policial exigió una respuesta de Osinde.

—*Hay que contestar esto* —trinó su voz aguda.

Osinde redactó un primer descargo. No fue personal a mis órdenes el que llevó a los provocadores al hotel, y cuando me enteré solicité que los identificaran y los evacuaran a un hospital, mintió.

Ciro Ahumada adornó la fábula de su jefe. Se quejó por la "inconsciencia estúpida" de quienes trasladaron a los presos al hotel. "Podrían haberlo hecho en cualquier otro lugar, pero eligieron justamente ese, y con la mala fe de aprovechar las circunstancias de que no se encontrase ninguna persona que pudiese evitarlo puesto que cada uno estaba en sus puestos de responsabilidad". Ni se molestó en explicar cómo tuvieron acceso al sector reservado del hotel si no formaban parte de la comisión organizadora.[66]

"¿Quiénes fueron?", concluyó. "No será difícil localizarlos. Se tiene la pista segura". Ni el coronel Osinde ni el capitán Ahumada la siguieron, porque sabían adónde llevaba.

Muertos y heridos

De los 13 muertos identificados en Ezeiza, tres pertenecían a Montoneros o a sus agrupaciones juveniles: Horacio Simona, Antonio Quispe y Hugo Oscar Lanvers. Uno, el capitán del Ejército Roberto Máximo Chavarri, integraba la custodia del palco organizada por Osinde. Ignoramos quiénes eran los nueve restantes, aunque sabemos sus nombres: Antonio Aquino, Claudio Elido Arévalo, Manuel Segundo Cabrera, Rogelio Cuesta, Carlos Domínguez, Raúl Horacio Obregozo, Pedro Lorenzo López González, Natalio Ruiz y Hugo Sergio Larramendia.

No hubo informes oficiales sobre las víctimas de la masacre y ninguna de las partes subsanó esa falta. Osinde, porque intentó ocultar las evidencias que expondremos en este capítulo. Righi porque estaba atareado defendiéndose de las acusaciones de los asesinos y no tenía tiempo ni personal para estudiar las listas que poseía y de las que hubiera podido extraer elementos de juicio en favor de la causa que defendía. El COR y los sindicatos porque la publicación de esas listas no hubieran contribuido a sostener la versión de un ataque contra el palco. El juez Peralta Calvo, porque todavía no era evidente quién ganaría la partida.

Las nóminas de heridos son incompletas, anárquicas. Las confeccionaron distintas reparticiones federales, provinciales y municipales con datos recogidos en hospitales y comisarías, donde anotaron los nombres de los internados y sólo en algunos casos consignaron sus domicilios. Cuando estas listas manuscritas fueron mecanografiadas a los errores de la recolección de datos se sumaron los de su transcripción.

Hay nombres registrados de dos, tres, cuatro y hasta cinco maneras según las distintas nóminas, como el del peruano de La Plata Antonio Quispe, quien también figura como Cristi, Crispi, Crispo y Gisper. Muchos internados fueron dados de alta sin que quedaran constancias de su paso por los hospitales. Otros se repitieron en la misma lista con diferentes grafías como el herido Abate, Abati o Lavati o no se incorporaron a lista alguna, como José Luis Nell.

Los heridos fueron curados en el Policlínico de Ezeiza, el hospital San José de Monte Grande, el Aráoz Alfaro de Lanús, el Gandulfo de Lomas de Zamora, el Fiorito de Avellaneda, el de cirugía de Haedo, los de Capital Federal Salaberry, Penna, Alvarez, Piñero, Argerich y Ferroviario, en el Centro Gallego y en clínicas privadas.

Reconstruir la cifra exacta es imposible, pero sobran elementos documentales para formular una estimación mínima confiable. El Servicio de Inteligencia de la Policía de la provincia de Buenos Aires, SIPBA, recopiló una serie de 102 heridos identificados, el 22 de junio. El 21, el Comando de Operaciones de la Dirección General de Seguridad, con la firma del comisario inspector Julio Méndez, había presentado un informe con la misma cantidad, aunque añadía que en el Policlínico de Ezeiza habían otros 205 sin identificar. Con ese último dato coincide un informe de la Dirección de Asuntos Policiales e Información del Ministerio del Interior.

Esos 205 heridos no reaparecen en ningún parte posterior, lo cual hace presumir que eran los de menor gravedad, que ninguno de ellos murió y que pronto se retiraron a sus casas.

Además, la Subsecretaría de Salud Pública del ministerio de Bienestar Social de la provincia de Buenos Aires computó otros 17 heridos en el hospital de cirugía de Haedo.

Finalmente otra nómina, en papel sin membrete y sin firma, enumera los nombres y apellidos de 133 heridos, de los cuales dice que 43 fueron informados por la policía de Buenos Aires.

Si cotejamos las distintas fuentes llegamos a esta síntesis:

Heridos de bala identificados   133
Heridos de bala sin identificar 222
Total   355

¿Cuántos más fueron atendidos en otros hospitales, clínicas privadas, consultorios o domicilios sin dejar rastros, como en el caso de Nell? ¿Cuántos de los 355 murieron en los días siguientes? Es imposible saberlo aunque la cifra de 13 muertos y 355 heridos ya expone la gravedad de lo sucedido. Las versiones que desde entonces han circulado sobre centenares de muertos son indemostrables y a la luz de estas cifras, inverosímiles.

De los 133 heridos identificados cerca de la mitad se retiraron de los hospitales sin declarar su domicilio, pero el análisis de los restantes es concluyente. La lista del Ministerio del Interior recoge los domicilios de 73 heridos identificados, es decir 54% de todos los heridos identificados y 20% del conjunto de heridos de los que quedó algún registro. Como además está formada por internados en todos los hospitales a donde se derivaron heridos, esta muestra es estadísticamente representativa, de modo que sus conclusiones pueden proyectarse al total con un pequeño margen de error.

De esos 73 heridos identificados, 34, es decir el 46% llegaron desde los barrios y partidos que engrosaron la columna sur agredida: 5 vivían en La Plata, 4 en Monte Grande, 3 en Lanús, 2 en Wilde, Florencio Varela, Sa-

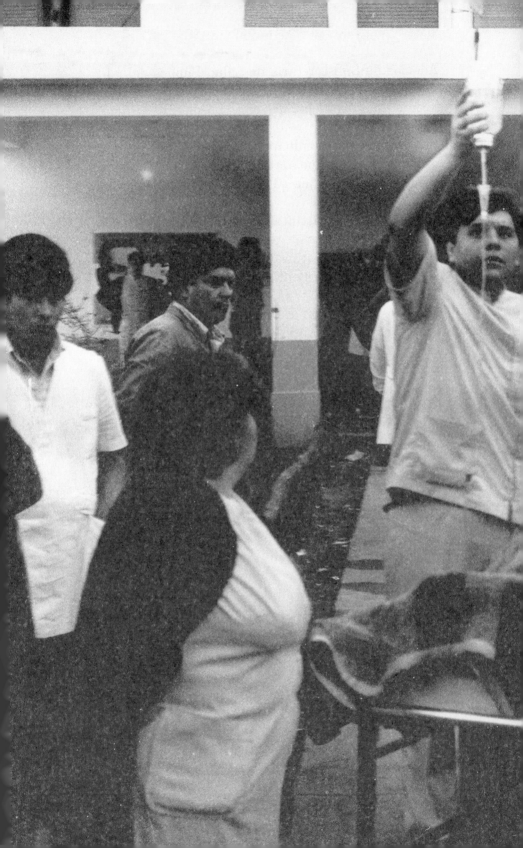

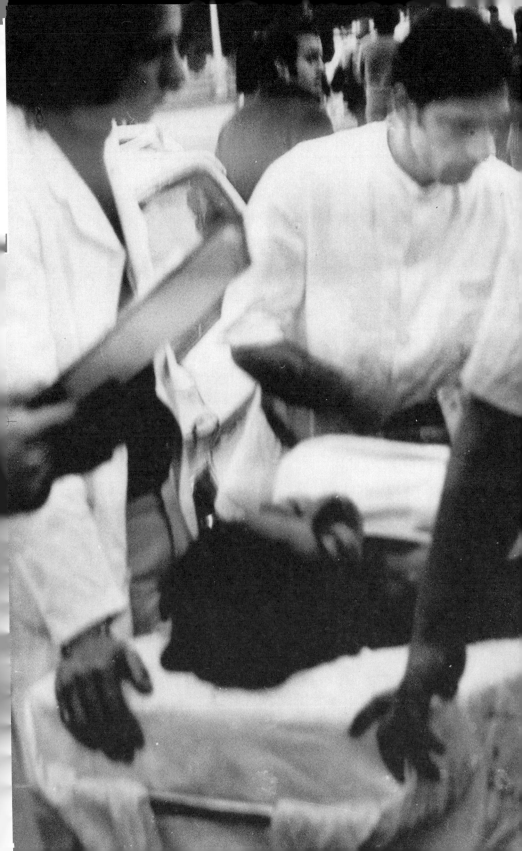

randí, Valentín Alsina, Ingeniero Budge y Berazategui, y uno en Ensenada, Ringuelet, San Francisco Solano, Villa Fiorito, Berisso, Quilmes, Lomas de Zamora, Ezeiza, Villa Albertina y Almirante Brown.

Este porcentaje crece en las otras nóminas disponibles: es del 51% en el informe del Servicio de Inteligencia de la Provincia de Buenos Aires (40 sobre 77); del 53% en el de la Dirección General de Seguridad (38 sobre 71); del 61% en una nómina de autor desconocido, que recopila datos de distintas fuentes (32 sobre 52).

Es decir que entre el 46 y el 61% de los heridos eran miembros de la columna sur atacada por los fuegos cruzados del palco y el Hogar Escuela.

Tan importante como esto es la imposibilidad de agrupar en forma significativa al resto de los heridos. Se trata de porcentajes mínimos de una infinidad de lugares: distintos barrios de la Capital Federal, todos los partidos del Gran Buenos Aires, muchas provincias. Fueron sin lugar a dudas grupos aislados o personas solas, que no formaban parte de ningún bando interno peronista.

Osinde vs. Righi

Osinde quiso hablar con López Rega la noche del miércoles 20, pero el secretario de Perón tenía otra idea. Le ordenó que preparara un informe escrito y se lo entregara al mediodía del jueves 21 en la residencia de Gaspar Campos 1065. Sabía que una investigación a fondo pondría en peligro sus planes y quería llegar bien preparado a la primera reunión de gabinete.

Durante más de tres horas, Cámpora analizó toda la información en la Presidencia, junto con el vicepresidente Lima, los ministros del Interior Righi, de Justicia Benítez, de Educación Taiana, de Bienestar Social López Rega, el presidente previsional del Senado Díaz Bialet, el presidente del bloque de diputados justicialistas Ferdinando Pedrini, los secretarios generales de la CGT José Rucci y de las 62 Lorenzo Miguel, el secretario general del Movimiento Abal Medina, los jefes de las policías Federal general Ferrazzano y de Buenos Aires coronel Ademar Bidegaín, el director de la agencia noticiosa estatal Telam Jorge Napp, el brigadier Arturo Pons Bedoya, Norma Kennedy, Jorge Llampart, Osinde, Leonardo Favio, el músico Rodolfo Sciammarella y el secretario general de la Presidencia Héctor Cámpora(h).

Dos bandos, dos descripciones de los hechos, dos interpretaciones acerca de sus causas quedaron definidas desde entonces y se volvieron a confrontar en nuevas reuniones los días siguientes.

Cabeza de un bando era Osinde, del otro Righi. El militar torturador y el abogado que reclamaba de la policía métodos humanos. El técnico encargado de organizar escuadrones secretos para contener la movilización incontrolable por el aparato sindical, y el inspirador de la derogación de las leyes represivas. El veterano jefe de los servicios de informaciones, arquetipo de la derecha peronista, y el jóven Ministro que ordenó quemar sus archivos, ala izquierda del gabinete de Cámpora, síntesis de las virtudes y de las limitaciones que marcaron sus 49 días de gobierno.

Osinde presentó seis documentos de dispar interés: la cartilla que reseñamos en el capítulo El ministerio del pueblo, un "Informe sintético", una "Síntesis cronológica", una "Síntesis de las impresiones recogidas en la reunión del día 21", un papel de "Síntesis" y un "Memorándum del señor Ciro Ahumada" [67].

La Conspiración Marxista

En el "Informe sintético" Osinde consigna su primera discrepancia con Righi mientras se organizaba el acto. Recuerda haber pedido que las fuerzas de seguridad reprimieran con severidad todo intento de perturbación y la respuesta del Ministro, quien "objetó el término reprimir por intervenir". Según Osinde, Righi adujo que era posible actuar frente a grupos de 20 a 30 personas, pero no ante "columnas mayores que eran expresión del pueblo".

Este es el informe en el que Osinde finge ignorancia sobre las ocupaciones en el barrio Esteban Echeverría, como ya vimos desmentido por la Policía de Buenos Aires y el periodismo local, afirma sin apego a los hechos

200

que no era personal a sus órdenes el que torturó a los detenidos en el hotel, y se atribuye haber solicitado su identificación y evacuación a un hospital. Para diluir su responsabilidad, Osinde destaca que además de los activistas sindicales y el personal de seguridad reclutado por él, también participaron del operativo la Policía Federal, la de Buenos Aires, la Gendarmería y la Prefectura, pero omite que había exigido y logrado que esas fuerzas sólo respondieran a su mando.

Dice que al observar que la columna que identifica como de FAL, 22 de Agosto, FAR, ERP y Montoneros, y que cantaba "Perón, Evita, la Patria Socialista" se dividía y rodeaba el palco por detrás, dispuso que acudiera el destacamento de la Policía Federal que estaba al Oeste del palco, pero que esas fuerzas se habían replegado por orden de Righi.

Según Osinde, "la tragedia de las vidas perdidas y la frustración de los millones que no pudieron rendir homenaje a Perón", pudo evitarse con la acción preventiva de las fuerzas de seguridad ausentes por culpa del Ministro del Interior.

En la "Síntesis cronológica" perfeccionó la versión. La columna que llegó por la ruta 205 con el propósito de rodear el palco era precedida por un hombre delgado y alto que empuñaba un sable y dirigía al conjunto con un megáfono desde un jeep.

De acuerdo con el relato de Osinde, la barrera del C de O los contuvo pacíficamente hasta que el hombre que dirigía la columna levantó su megáfono. A esa señal, tiradores ubicados en los árboles y grupos móviles que salieron de los montes y se desplazaron a los costados del trébol, abrieron fuego contra el palco. Entonces los custodios reprimieron a los francotiradores apostados en los árboles.

Repasemos la versión de Osinde:

Quien divisó la columna que se acercaba e informó al palco fue el general Iñíguez a través de la red del

COR, y como ya vimos, en ningún momento de la transmisión mencionó consignas o leyendas del ERP, FAL, o 22 de Agosto. Sólo de FAR y Montoneros. El añadido de Osinde obedece al propósito premeditado de presentar los hechos como una conspiración marxista.

También vimos que fueron los custodios del palco quienes abrieron fuego sobre una columna que no portaba armas automáticas. Al equipo de Osinde pertenecían además los francotiradores apostados en los árboles. Y los disparos desde las zonas boscosas provenían del Hogar Escuela ocupado por la Juventud Sindical, el COR y el Comando de Organización.

Por otra parte, el fuego desde el palco sobre los francotiradores no ocurrió simultáneamente con el ataque contra la columna sur sino más tarde.

En abierta contradicción con el "Informe sintético", la "Síntesis cronológica" admite que el Hogar Escuela estaba en manos de gente de Osinde. En compensación describe un imaginario intento de coparlo por grupos no identificados.

Osinde sostuvo que al oír detonaciones detrás del palco hacia el Este, el jefe de seguridad E. Iglesias comprobó que veinte hombres armados que ocupaban el bosque aledaño intentaban rodear el Hogar Escuela, apoyados por mil hombres que con sus gritos hostigaban "a los compañeros que estaban dentro del Hogar Escuela".

Sus afirmaciones no las refutó Righi, sino el memorándum de Ciro Ahumada, que el propio Osinde presentó al gabinete. Ahumada manifestó que los primeros disparos vinieron del sudoeste del palco, donde altos pinos bordean la ruta 205. Dijo que "pareció un tiro de prueba y reglaje", que fue "repelido espontáneamente por grupos armados que se encontraban en proximidad al lugar".

Desaparece así el fantástico hombre del sable y el megáfono, su señal de fuego, el intento de copar el palco.

En la versión de Ahumada sólo hay tiros de puntería efectuados desde lejos.

A diferencia de Osinde, Ciro distingue el primer enfrentamiento del segundo. Sostiene que el fuego se reabrió al darse la orden de descender de los árboles y que se enviaron "efectivos propios a efectuar tareas de limpieza, rastrillaje, observación del cumplimiento de la orden, observación para la localización de los grupos provocadores, neutralización de los mismos, toma de prisioneros, etc".

Sólo faltaría agregar a esta confesión que fue Ciro quien ordenó a los "presuntos compañeros" que bajaran de los árboles, y al personal que les apuntaba con "miras ópticas" abrir el fuego.

Ciro concluye denunciando un plan malvado, que no describe, y el apoyo del Ministro del Interior "un imberbe al que tal vez le falta el conocimiento de 18 años de lucha dura y en todos los campos y no la lectura superficial de textos académicos muy bien encuadernados".

Esta fue la versión a la que Osinde se atuvo en todas las discusiones posteriores y que el capitán de la Fuerza Aérea Corvalán hizo filtrar a los medios adictos de difusión.

La Razón atribuyó su artículo a los servicios y organismos oficiales de seguridad y siguió textualmente el "Informe Sintético" y la "Síntesis cronológica" de Osinde, con el hombre del sable y el megáfono, el movimiento de pinzas para copar el palco, los carteles del ERP y los francotiradores en los árboles.[68]

—*¡Los troscos nos han rodeado, no tenemos salvación!* —claman los custodios del palco en el dramático relato de *La Razón,* que también acusa al Ministro del Interior de haber ordenado que las fuerzas policiales no intervinieran.

La versión incluye un aderezo sabroso: los detenidos portaban chalecos, corazas y rifles con mira telescópica para atentar contra Perón, en sus bolsillos tenían "ravioles de cocaína y otras drogas estimulantes" y la mayoría admitió "pertenecer al ERP de Santucho y al FAR".[69]

El Economista difundió la misma historia y la atribuyó a un miembro de seguridad de Osinde, que dotado de prismáticos estuvo en el palco hasta las 19.30 y en el Hotel Internacional hasta la mañana siguiente. Según el semanario patronal "la historia reconocerá algún día los méritos" del personal dirigido por Osinde que impidió un atentado contra Perón y su esposa.[70]

Con ligeras variaciones repitieron esta narración *Clarín* y *Prensa Confidencial*. De este modo Osinde consiguió colocar a Righi a la defensiva.

El presidente vicario

¿Qué contestó el Ministro del Interior?

Después de la masacre comprendió en un minuto lo que no había percibido en un mes: la política sectaria de la comisión organizadora, el sentido de las ocupaciones, la red de complicidades que condujo al 20 de junio. Advirtió que su sillón era la primera presa codiciada, desmintió el trascendido periodístico sobre su relevo por el general Iñíguez y mientras preparaba su defensa política encargó a la Policía Federal y a la de Buenos Aires que avanzaran las investigaciones sobre lo sucedido en Ezeiza.

Ante la comisión investigadora expuso que debían buscarse las causas en la situación del gobierno y del peronismo. Alegó que Cámpora era un presidente vicario debido a la proscripción contra Perón y destacó las dificultades de comunicación entre Buenos Aires y Madrid.

Righi era consciente de la debilidad del gobierno que integraba, pero sólo insinuó el aval de Perón con que había contado la Comisión Organizadora.

También se refirió a la falta de una autoridad fuerte en la conducción peronista y a la pugna de sectores que aun antes del 20 de junio había conducido a enfrentamientos armados.

"En este clima, siguió, la Comisión prepara la recepción al teniente general Perón. Lo hace con neto sentido sectorial, marginando a los grupos adversos y armando a los propios. Los adversos toman cuenta del tono de los preparativos y se organizan también bélicamente. Es decir, la Comisión, en vez de sintetizar las diferencias que no podían ignorar, acentúa la sectorización exacerbando las rivalidades de tal manera que sucedió lo que sucedió, como muchos previeron. Las pugnas entre los sectores juveniles desplazados y los sectores adictos a la Comisión por ocupar posiciones cerca del palco, concluyó en los hechos conocidos."

La equiparación del arsenal de guerra montado en el palco con las pocas armas de uso civil de la columna sur es una equilibrada versión centrista que no refleja con fidelidad lo sucedido.

Righi añadió que la presencia de Perón en el país impediría la reiteración de episodios similares y sugirió que el ex presidente convocara a los sectores a pactar en su presencia reglas claras del juego.

Junto con las primeras investigaciones policiales el subsecretario del Interior Leopoldo Schiffrin elevó a Righi algunas observaciones. "Me indigna" —dijo— "que se discutan cuestiones sin ninguna importancia, cuando el problema reside en que Osinde asumió el control y la seguridad del palco excluyendo totalmente a la policía, a la que tenía a su exclusiva disposición, y quiera achacar a la falta de actuación policial el suceso ocasionado por haber otorgado el control del palco a uno de los sectores en conflicto. Me parece que aquí hace falta golpear y duro. Osinde es el que tiene que justificarse ante los ministros. No éstos ante él. No cometas el error de hacerte perdonar la vida".[71]

Alejandro Díaz Bialet, Esteban Righi
y Leopoldo Schiffrin

Schiffrin también suministró a Righi los elementos para desmentir la acusación más grave de Osinde. Le informó que los efectivos policiales habían permanecido en sus lugares esperando la orden de actuar que nunca llegó, porque Osinde abandonó el palco antes de los enfrentamientos, y mencionó a los responsables de esta afirmación, los comisarios González y Pinto, quien dos años después fue designado por Isabel jefe de la Policía Federal. También explicó que las fuerzas policiales que según Osinde se habían replegado no eran más que el pequeño destacamento que controla el tránsito cerca de El Mangrullo. "Me reitera el comisario González que en las reuniones con Osinde se había convenido en que sólo éste debía dar la orden de fuego", agregó Schiffrin.

El Jefe de la Policía Federal argumentó en el mismo sentido. El general Heraclio Ferrazzano ratificó que Osinde había rechazado la planificación policial y sólo había requerido fuerzas de uniforme "en lugar alejado de la vista del público y con posibilidades de desplazamiento por interiores del terreno"[72], servicio de bomberos, brigada de explosivos, técnicos en comunicaciones, dos salas para detenidos en la Capital Federal "para el supuesto de actuación en Plaza de Mayo".

Ferrazzano certificó que Osinde había asumido en forma exclusiva la seguridad del palco "que efectuaría con integrantes de la Juventud y suboficiales retirados del Ejército Argentino, en el primer cerco de protección, complementado por otros cercos a cargo de entidades gremiales", y reiteró que las fuerzas policiales acantonadas a 1.500 metros del lugar no tenían posibilidad de actuación inmediata ni debían intervenir sin orden de Osinde.

También participó en la discusión el secretario general de la Presidencia, Héctor Cámpora(h). Narró que a las 14 del 20 de junio el suboficial Angel Bordón le había advertido que el personal a órdenes de Osinde impedía el acceso de la custodia presidencial al palco, donde había demasiada gente armada. Según Cámpora, Bordón le refirió que los guardias del palco habían obligado varias veces a los manifestantes a echarse al suelo, apuntándolos con sus armas rodilla en tierra, y le dijo que "si seguía así iba a terminar mal". El Secretario General de la Presidencia verificó la denuncia de Bordón. Juntos intentaron subir al palco y fueron rechazados.

El secretario general del Movimiento Peronista, Abal Medina, argumentó que la Comisión Organizadora había procedido con sectarismo, marginando a la Juventud Peronista y puesto al palco a disposición "de un grupo de criminales con armas de guerra".

Righi atacó desde tres puntos las posiciones de Osinde:

—*El teniente coronel Osinde sostiene que yo ordené el repliegue policial.*

—*Efectivamente.*

—*Eso es falso, de modo que le exijo que pruebe su afirmación.*

Osinde sólo repitió que alguien que no podía identificar le había dado esa información.

—*Yo quiero recordar que como responsable absoluto de la seguridad, bajo un comando unificado, al teniente coronel Osinde le correspondía impartir tanto la orden de actuar como la de replegarse* —siguió Righi.

—*¿Entonces por qué usted intervino para ordenar el repliegue?* —insistió Osinde.

—*Usted está repitiendo ese disparate que no puede probar. Jamás di tal orden. Usted asumió todas las responsabilidades, no puede ahora deslindar ninguna.*

Según Righi lo ocurrido culminó "una serie de imprevisiones y una política facciosa por parte de los responsables, que arruinan el encuentro del general Perón y su pueblo. Ante la imposibilidad de control para grupos adictos desencadena la represión. El plan fracasó porque se rebasa el esquema de organización y porque la custodia reprime. Sus tiroteos desencadenan tiroteos generalizados y el general Perón no puede llegar al palco por falta de seguridad".

Fallido el plan de la comisión, siguió Righi, la intervención policial hubiera agravado el derramamiento de sangre.

—*¿Intervención contra quién?* —se preguntó—. *Quienes disparaban eran gente controlada por Osinde, contra columnas juveniles de la zona sur que intentaban acercarse. ¿Reprimir contra los represores, es decir contra la gente de Osinde, o contra la gente que intentaba acercarse?*

Righi negó que hubieran actuado provocadores comunistas, citó los relatos periodísticos que describían el conflicto como lucha entre bandos internos peronistas, y acusó a Osinde por las torturas en el Hotel.

¿Gases contra fusiles?

Osinde enjuició a Righi por su pasividad ante las ocupaciones y por la quema de los archivos policiales. "Ahora hasta es difícil identificar a los elementos antinacionales", dijo, y consideró "sugestiva la identidad de definiciones entre Righi, Abal Medina y Cámpora(h)". A Abal Medina le recordó que él había integrado la Comisión que ahora calificaba de sectaria, y rechazó la calificación de criminales para sus hombres.

Ya había agotado sus argumentos, y en las dos últimas reuniones se limitó a repetirlos. Además intentó ganarse a Ferrazzano, con un elogio a la actuación policial. "Si el destacamento al oeste del palco se retiró, fue por orden del señor ministro", volvió a acusar. Según Osinde la policía hubiera podido evitar males mayores si hubiera reprimido y desalojado con gases lacrimógenos a los francotiradores que actuaron desde los árboles y vehículos.

¿Gases contra francotiradores que usan fusiles? Como militar, Osinde es un buen político. Su argumento sólo se explica porque sabía que en los árboles no había francotiradores enemigos.

Ferrazzano no se dejó confundir. A esa altura tenía claro que el debate era sobre quién cargaría con la cuenta de los muertos, y suministró a Righi información precisa para rebatir los cargos.

"El destacamento 20 de Ezeiza" —pudo explicar el Ministro— "es una dependencia de la Policía Federal del Aeropuerto y estaba al mando del comisario Raffaele a cargo de esa misión. A fin de controlar el tránsito por la autopista desde el palco al aeropuerto y viceversa, se habían apostado allí tres oficiales con 30 hombres al mando del capitán Castelli. El personal del puesto oyó los primeros disparos a las 14.30 y después de veinte minutos se replegó hacia El Mangrullo, en cuyas proximidades se encontraba la fuerza policial destinada a la custodia del Centro de Instrucción Profesional CIPRA de la Fuerza Aérea".

"El destacamento queda a gran distancia del palco y el personal no tenía medios represivos, de modo que su presencia en el destacamento frente a CIPRA de nada podía influir en la situación", agregó.

En un debate de pruebas y razones, Righi llevaba las de ganar. Pero no se trataba de eso. Righi sospechaba fundadamente que López Rega, Isabel, y a través de ellos también Perón, se inclinarían en favor de Osinde. Para impedirlo, debería haber producido una sucesión de hechos consumados mediante procedimientos de la Policía Federal, detenido a los conspiradores en sus lugares de reunión, secuestrado las armas, probado su vinculación con Osinde, encarcelado y procesado al Secretario de Deportes y Turismo, a Norma Kennedy y

Brito Lima. Cuando un grupo de asesores se lo propuso, sonrió con escepticismo. Perón se había pronunciado el 21 de junio en favor de los agresores lo cual selló con su decisivo peso político la suerte del gobierno de Cámpora.

Se había perdido un tiempo precioso y ya no quedaba mucho por hacer. Las pocas comisiones policiales, a las que tarde y sin convicción se les ordenó practicar unos pocos allanamientos, no encontraron nada. Las armas desaparecieron poco antes de que llegara la policía a sindicatos y reparticiones públicas.

Osinde había ganado la partida.

Bunge & Born lo sabía

La enfermedad de Perón, los reacomodamientos internos, las negociaciones con otras fuerzas políticas, insumieron tres semanas después de la masacre. El 12 de julio, finalmente, una docena de colectivos semivacíos desfiló como el ejército de Aída frente a la casa de Perón, abucheando a Cámpora. Desde una puerta lateral, Milosz de Bogetic de traje marrón y anteojos ahumados sonreía y saludaba. El 13, Cámpora y Lima renunciaron a la presidencia y a la vicepresidencia, y el presidente provisional del Senado, Alejandro Díaz Bialet, se encontró en las manos con un pasaje Buenos Aires-Argel y un convincente deseo de buen viaje.

De este modo el gobierno cayó en manos del diputado Raúl Lastiri, a quien su suegro José López Rega había conseguido instalar en la presidencia de la Cámara, el tercer cargo en la línea de sucesión presidencial.

En agosto, pese a las objeciones explícitas de los médicos, el Congreso del Partido Justicialista eligió la fórmula Perón-Perón, que se impuso con el 62% de los votos en las elecciones del 23 de setiembre y gobernó a partir del 12 de octubre. El 1º de julio de 1974 se produjo la prevista muerte de Juan D. Perón y ascendió a la presidencia su viuda, Isabel Martínez.

El médico personal de Perón dio una interpretación clínica para tan acelerada sucesión de cambios especta-

Raúl Lastiri

culares. A juicio de Jorge Alberto Taiana, López & Martínez utilizaban a Perón, cuya voluntad estaba quebrada. Sabían que su salud era frágil y que las tensiones de la acción política y el cambio de clima acortarían su vida, y aplicaron un plan elaborado después de las elecciones del 11 de marzo de 1973.

Contaron con el asentimiento de Perón, por las razones que detalló el ex ministro Taiana y por el recelo que llegó a inspirarle Cámpora, a quien consideraba dominado por Montoneros y la Juventud Peronista. Su apartamiento del gobierno comenzó a gestarse en la reunión del 29 de abril en Puerta de Hierro, en la que Perón careó al presidente electo Cámpora con Norma Kennedy y Manual Damiano como si fueran pares. El 18 de junio, cuando el flamante jefe de Estado terminaba en Madrid los preparativos para el regreso de Perón, el golpe ya estaba decidido.

Ese día el diario más conservador del país señaló que se estaba estudiando una reforma a la ley de acefalía,[73] y un portavoz de la Armada explicó que lo único que aún se discutía era "el procedimiento que se adoptaría para llevar a Perón a la presidencia"[74]. Veinticuatro horas después un vocero del Ejército anunció que era inminente "el golpe de Perón"[75] y dijo que Osinde había transmitido a Balbín la preocupación de Perón por el gabinete de Cámpora.

El portavoz de la Armada sostuvo que se había considerado la posibilidad de "un golpe de mano", con "apoyo y calor popular", pero dijo que Perón no lo aceptaría, para no deber su designación a un grupo. Descartada esta hipótesis, añadió que debían analizarse dos tácticas posibles: la convocatoria a una Convención Constituyente que se declarara soberana y lo nominara presidente, o la renuncia del presidente y el vice "para que el presidente de la Cámara de Diputados" convocara "en 30 días a elecciones generales con la candidatura de Juan D. Perón".[76] Como se ve, la Armada no sólo conocía el plan en sus pormenores; también se enteró del alejamiento del presidente provisional del Senado casi un mes antes que el propio doctor Díaz Bialet.

El portavoz naval adelantó además que con el regreso de Perón comenzaría "una depuración sin prisa pero sin pausa de todas las infiltraciones enquistadas en su Movimiento, ya sean imperialistas o extremistas de cualquier signo".[77]

La depuración y el golpe pregonados por la fuente naval comenzaron el 20 de junio, cuando se intentó la primera de las tres posibilidades enumeradas, el golpe de mano con apoyo popular, pese a la presunta desautorización de Perón.

Después de los tiroteos de Ezeiza, los móviles del COR que intervinieron identificando a las columnas de la Juventud Peronista que se acercaban al palco recibieron orden de reunirse donde se habían concentrado la noche anterior, en el Sindicato de Sanidad, Saavedra 159. Pero el general Iñíguez insistió varias veces que esa directiva no incluía al móvil 5, cuya misión era permanecer en Plaza de Mayo.

Iñíguez se dirigió a Olivos para saludar a Perón, mientras una docena de activistas del COR, de la Escuela de Conducción Política y de los grupos paladinistas de Lala García Martín aguardaban frente a la Casa de Gobierno.

A las 20 se habían juntado en torno de ellos unas 2.000 personas. De boca en boca se afirmaba que Perón estaba prisionero, se instigaba al público a tomar la Casa Rosada y se repetían historias inquietantes sobre la "conspiración trostkysta", aun cuando los tripulantes del móvil 5 del Automóvil Club-COR, sabían que Perón ya estaba con el presidente Cámpora en la residencia de los jefes de Estado, y que hacia ella se encaminaba el general Iñíguez.

Sobre los propósitos de la masacre y de esa extraña reunión en la Plaza de Mayo, nadie sabía más que el monopolio agroindustrial Bunge & Born. Un representante de la transnacional cerealera dijo que Osinde había construido un palco blindado y apostado una guardia armada de militares, sindicalistas y aliancistas alegando que se preparaba un atentado contra Juan D. Perón durante el acto en la Avenida Ricchieri.[78]

¿Otro 17?

Según el agente de Bunge & Born el supuesto atentado sólo había servido como pretexto para un plan ideado por López Rega y ejecutado por Osinde. Roto el acto, prosigue, la multitud debía ser conducida a Plaza de Mayo para reeditar el 17 de octubre y rescatar a Perón, a quien se mencionaba como prisionero de Cámpora. Concluyó que el objetivo de López Rega y Osinde era forzar el acceso de la Casa Rosada, cumpliendo con el slogan electoral "Cámpora al gobierno, Perón al poder".

Los conspiradores que aquel anochecer debían dirigir la toma de la Casa de Gobierno eran el coronel Prieto, cuñado del general Juan José Valle; Víctor Alday, ex colaborador de Ciro Ahumada, preso en 1960; Margarita Ahrensen, la ex mujer de Ahumada; Héctor Spina, un líder histórico de la JP, que intervino en uno de los robos del sable de San Martín en la década del sesenta; Juan Carlos Bravo y Lasarte; "El pelado" Juan Carlos Giménez, quien en 1960 estuvo exiliado en Bolivia; Alfonso Cuomo; José Rodríguez, como los anteriores vinculado con el sindicalista de los albañiles Segundo Palma y con el de los municipales Gerónimo Izzeta, el "Negro" Oscar Viera, ex guardaespaldas de Palma; Ismael López Jordán; los hermanos Gustavo y Raúl Caraballo, el mayor Flores un peronista de la rama SIE; Lala García Marín, jefa del sector paladinista de la Capital, expulsada meses antes del peronismo.

Un centenar de ellos se precipitaron sobre un móvil de la radio Rivadavia y exigieron que el periodista Osvaldo Hansen difundiera una proclama en la que reclamaban la presencia de Perón en los balcones de la Casa Rosada.[79]

La proclama fue grabada y emitida. Cuando los activistas del COR exigieron que se repitiera su texto, desde la radio les pidieron que enviaran una delegación a los estudios. Los tripulantes del móvil quedaron como rehenes en la Plaza y recién fueron puestos en libertad cuando los emisarios reiteraron el pedido a Perón. Una muchacha tomó el micrófono para hacer una patética invocación al ex presidente, a quien tuteó.

Dos de los conspiradores, Alfonso Cuomo y José Rodríguez, llegaron a ingresar a la Casa de Gobierno.[80] Comprobaron que las vallas habían sido reforzadas, se habían emplazado nidos de ametralladoras y soldados dispuestos para protegerla. Al ver que sólo habían atraído a las dos mil personas iniciales emprendieron la retirada.

El golpe se había frustrado y lo único que restaba era desconcentrar a la gente antes que se produjeran detenciones e identificaciones. "Todos a casa. Perón ya está en Olivos y a las 9 habla por TV", anunciaron.

El secretario de Informaciones del Estado, brigadier Horacio Apicella, quien sólo veía lo que Osinde e Iñíguez querían mostrarle, contribuyó a la confusión informando que el ERP avanzaba sobre la sede del gobierno. Días después el portavoz naval que tan profundamente había conseguido penetrar en la intimidad de López Rega y Osinde repitió esa burlería. Sostuvo que el ERP y Montoneros habían intentado matar a Perón, primero en Ezeiza y luego en Plaza de Mayo, donde se propusieron copar la Casa Rosada.[81]

Otro servidor público menos encumbrado que Apicella, contradijo esas fábulas. Se trata del radiooperador del único patrullero que esa noche vigiló a los reunidos en la Plaza de Mayo, con el rigor y la eficiencia profesionales que la Policía Federal mostró en todos los episodios vinculados con el 20 de junio.

—*¿Tendencia ideológica?* —le preguntó el Comando Radioeléctrico.

—*Todos de derecha* —fue su concisa respuesta.

Bunge & Born lo sabía.

Epílogo

Perón

La actitud de Juan D. Perón ante todos estos episodios es el centro del tabú que rodea a la masacre de Ezeiza, el más prohibido de los temas. El análisis racional de
los hechos y documentos parece aún fuera del alcance de
nuestra clase política, lo cual dobla su necesidad.

Durante la campaña electoral el justicialismo usó
una consigna principal: "Cámpora al gobierno. Perón al
poder". Sobran los elementos de juicio para afirmar que
Perón siempre se propuso llevarla a la práctica.

El ex Presidente deseaba ser candidato de su partido, y para impedirlo el régimen militar sancionó la cláusula proscriptiva: sólo podrían serlo quienes estuvieran
en el país antes del 25 de agosto de 1972, a la que Lanusse agregó la bravuconada célebre de que a Perón no
le daba el cuero para regresar.

Perón estuvo en la Argentina el 17 de noviembre de
1972, y hasta el 14 de diciembre impulsó gestiones públicas y privadas para que se levantara la inhabilitación
personal. El FREJULI lo exigió en un documento y amenazó con la abstención en caso contrario. En cambio la
UCR opinó que si el peronismo podía presentar otros
candidatos los comicios serían legítimos, y anunció que
concurriría a ellos. Esta definición de Ricardo Balbín

permitió a Lanusse ratificar la cláusula del 25 de agosto.

Ante el riesgo de que se repitiera un esquema parecido al de 1963, cuando el radical Arturo Illia fue electo presidente con el 23% de los sufragios en ausencia de un candidato justicialista, Perón desistió de su candidatura y nombró a Cámpora.

El sentido de esta designación fue transparente: el candidato era Perón, a través de su delegado. El 12 de abril, en París, Mario Cámpora se entrevistó con Perón para coordinar los detalles de su regreso al país y su participación en los actos del 25 de mayo.

—*Yo no quiero quitarle el show al doctor Cámpora. Voy a ir después y entonces el balcón va a ser para mí* —le respondió Perón.

De regreso a Buenos Aires el asesor presidencial comunicó el diálogo y su interpretación: "Héctor, el general quiere ser presidente". Héctor Cámpora respondió: "Estamos aquí para hacer lo que el general quiera".[82]

Los preparativos para el retorno el 20 de junio que se han descrito con detalle en este libro, no hubieran sido posibles sin la aquiescencia de Perón. Su discurso del día siguiente, que se incluye en la sección documental, no deja dudas sobre el partido que adoptó luego de los acontecimientos.

Cámpora siempre estuvo dispuesto a renunciar, y sin embargo se organizaron las cosas de modo de sacarlo a empellones. Creo que las páginas anteriores demuestran por qué. Si la operación del reemplazo presidencial hubiera sido encomendada a un político como Antonio J. Benítez, por ejemplo, habría podido ser alambicada y ceremoniosa. López Rega la convirtió en una carnicería. Pero en cualquier caso, la cobertura política provenía de Perón.

El 4 de julio, en la residencia de Gaspar Campos, Cámpora reiteró su decisión de renunciar. "Yo siempre he estado a disposición de mi pueblo", le respondió Perón.[83] Horas después Cámpora anunció al gabinete su alejamiento. Aún así, le organizaron la mascarada del desfile de colectivos frente a Gaspar Campos. No querían que se fuera, sino echarlo. En su lugar, asumió la presidencia José Lastiri, el yerno de López Rega.

Perón murió en 1974. Este episodio ya pertenece a la historia. Es hora de contarlo sin omisiones.

TERCERA PARTE
LOS DOCUMENTOS

Documentos 1 y 2

Los primeros contactos de Perón con la Logia Anael se produjeron en la década del cincuenta. El martillero Héctor Caviglia, representante de Anael en la Argentina le solicita una nueva audiencia. Anael es el brasileño Menotti Carnicelli, quien llama Paulo a Perón y le sugiere la colocación de uno de los hombres de la logia en la vicepresidencia en reemplazo de Quijano. Estos antecedentes facilitaron el acceso de López Rega a Puerta de Hierro, en 1966.

Buenos Aires, Septiembre 15 de 19...

Jeneral:

Anael debe partir y pide ser escuchado por Ud. una vez más.

Espero, sus órdenes.

Respetuosamente

H. Caviglia

Quijano, tem
pouca vida e
nada, ou quasi
nada ele representará
no governo. Aparecerá
um substituto Mais
forte porem o verdadeiramente
de idéas revolucionárias
que atuará ao lado
de Paulo.

Documento 3

El informe sintético de Osinde a la comisión ministerial investigadora. Señalamos por lo menos cinco falacias:

Atribuye a desconocidos la ocupación del Hogar Escuela, que él había ordenado (página 3, punto 6 de su informe).

Afirma que sobrevoló la zona a las 15 cuando hay pruebas de que lo hizo a las 12.40. Por lo tanto no es cierto que haya observado desde el aire el avance de la columna sur de la JP (página 4, punto 7), que fue atacada casi media hora antes de las 15.

Sostiene que la consigna "La Patria de Perón" superaba la polémica entre quienes cantaban "La Patria Socialista" y "La Patria Peronista", cuando es sólo una variante formal de la segunda (páginas 4-5, punto 7).

Dice que Righi ordenó el repliegue de las fuerzas policiales, aunque luego no podrá precisar el origen de tal versión (página 5, punto 8).

Manifiesta que los torturadores no estaban a sus órdenes, aunque todas las habitaciones del Hotel Internacional habían sido alquiladas por él y allí funcionaba su comando (página 7, punto 14).

INFORME SINTETICO DEL TCNEL. OSINDE

1)- Con posterioridad a la creación de la Comisión Organizadora del
Movimiento Peronista - que integro con Lorenzo Miguel, José Rucci,
Norma Kennedy y J.M. Abel Medina, - el Gobierno organizó una Comi-
sión a nivel Poder Ejecutivo, a la que no fui invitado.

2)- Cuando supe que el lugar elegido por el Gobierno para hacer el acto - el autódromo - no guardaba condiciones mínimas previstas de capacidad y seguridad, con la Comisión Organizadora (Movimiento Peronista) consideramos que el lugar más adecuado era Puente "El Trébol"
sobre la Autopista General Richieri. Se efectuó un reconocimiento conjunto con los Jefes de Policía Federal, Pcia. de Buenos Aires, escenó-
grafos y técnicos de sonido, etc., coincidiendo todos en esta apreciación.

3)- Con posterioridad se nos invitó a una reunión presidida por el Sr.Pre-
sidente Dr. Cámpora, donde se analizó el lugar más apto y luego de mi
exposición fue aceptado Puente "El Trébol".

4)- Transferido el Gobierno al Sr. Vicepresidente se efectuaron varias reuniones, a las que asistió en representación de la Comisión Organizadora,
que prácticamente se integraba a la Comisión a nivel Poder Ejecutivo.
He dejado de asistir solamente a una reunión, por serme imposible concurrir, en la que se trataron problemas del ceremonial.

5)- En la reunión originada por la Fuerza Aérea, en previsión de un avance
de concurrentes por la zona del Aeropuerto de Ezeiza, que podría inva-
dir las pistas, el suscripto solicitó que se debía dar intervención a
Gendarmería Nacional y Prefectura General Marítima, que también eran
fuerzas de seguridad.

....//

El Señor Ministro de Defensa dispuso que Gendarmería Nacional concurriera a desplazar los grupos que pretendieran avanzar por esa zona y que Prefectura General Marítima tendría retenes para actuar, si
era preciso en la zona de Plaza de Mayo.

En esta reunión el suscripto manifestó:

a) La necesidad de cubrir el camino de acceso Ruta 205 -Autopista
    General Richieri - ya que las directivas dejaban esa ruta libe-
    rada sólo al tránsito de vehículos de invitados a los actos del
    Aeropuerto de Ezeiza.

b) Que encontrándose presente el Señor Ministro del Interior le so-
    licitaba diera instrucciones precisas a las Fuerzas de Seguridad,
    por cuanto la Comisión Organizadora insistía en sus directivas en
    la conducta de pacificación y respeto que debía desarrollarse el
    acto. Que de consiguiente si pedíamos un clima de tranquilidad y
    respeto consideraba que las Fuerzas de Seguridad debían reprimir
    con severidad todo intento de perturbación.

    El Señor Ministro del Interior objetó el término "reprimir" por
    "intervenir" y consideró que la seguridad podía accionar frente
    a grupos de 20 ó 30 personas, pero no cuando se trataba de colum-
    nas mayores que eran expresiones del Pueblo.

    El suscripto manifestó que la acción de pequeños grupos de agita-
    ción podían crear acciones masivas, por ello consideraba de que
    el dispositivo de Seguridad de las Fuerzas de Seguridad debían ac-
    tuar en la periferia para prevenir en forma enérgica toda acción
    antes que ella perturbara la concentración.

d) Finalmente hice la mención para que los Jefes de la Fuerzas de Seguridad coordinaran las medidas y jurisdicciones
a cubrir.

6)- En la reunión presiddida por el Sr. Vicepresidente en ejercicio
del Poder Ejecutivo, Dr. Vicente Solano Lima, del día 18 a las 19
horas, se ultimaron los detalles de la concentración, medidas de seguridad, protocolo, etc.

En esta reunión se hizo una exposición de las medidas de seguridad
de los organismos que tendrían intervención en las jurisdicciones
acordadas.

En las mismas el suscripto expuso:

a) Que se tenía conocimiento de la ocupación del Hospital del
Barrio 1 "Esteban Echeverría" por grupos aún no identificados y solicitó del Sr. Jefe de la Policía de la Provincia
rodeara el lugar durante la noche para desocuparlo en las
primeras horas del día 19 y evitar alarma en los operarios
que trabajaban en el lugar de concentración.

b) Que consideraba imprescindible reforzar el sistema previsto
ante informaciones de que se pretendería perturbar el orden.

c) Que no obstante el dispositivo de Gendarmería Nacional y de
la Policía de la Provincia para mantener libre el acceso de
Ruta 205, era posible que este fuera rebalsado dada la densidad de las poblaciones aledañas y que el dispositivo de segu-

...///

seguridad era débil en el flanco E de la concentración,
por lo que consideraba imprescindible la presencia de
Fuerzas de Seguridad en esa área, y dadas las misiones
que ya tenía Policía Federal y de la Provincia de Buenos
Aires, que Gendarmería Nacional cumpliera esa función.
El Director Nacional de Gendarmería consideró que no podía aportar nuevos efectivos (400 hombres).
El suscripto reiteró tres vaces esta necesidad, sin resultado positivo. Desde esa zona fue desde dónde se inició
el ataque al Puente "El Trébol".

d)-   El Señor Jefe de la Policía Federal, al der su plan de
acción manifestó que adelantaría el Puesto de Comando en el
Puente al Inspector Mayor Pinto y que las Fuerzas quedaban
a disposición de las directivas; que impartira el suscripto.
Efectivamente el Comisario Inspector tomó contacto con el suscripto y su Comando se mantuvo en el Puente; hasta poco antes
de iniciarse el ataque.

También puso a disposición del suscripto un helicóptero.

7)- Aproximadamente a las 15 horas el suscripto sobrevoló la zona, observando que en el camino de acceso de la Ruta 205 avanzaban largas columnas.

Al llegar el Puente "El Trébol", de regreso, una fuerte columna , desde el acceso de Ruta 205 alcanzó la altura del Puente, desdoblándose.

El Grupo Mayoritario, en lugar de tomar hacia el norte, para incorporarse a la cola del encolumnamiento avanzó por detrán del Palco rodeando la
zona.

Se identificaban con banderas del F.A.R. - F.A.P. y Montoneros (contra-

...///

trariando expresas directivas) y se identificaban con la expresión:
"PERON - EVITA "LA PATRIA SOCIALISTA". Es de observar que una de las
situaciones conflictivas es la concepción de "PATRIA PERONISTA" versus
"PATRIA SOCIALISTA" y las directivas dadas por la Comisión para superar
esa antítesis recomendó la expresión de :

                    LA VIDA POR PERON

                    PA PATRIA DE PERON

8)- Ante esa circunstancia y en previsión de acontecimientos graves el suscripto dispuso que el Destacamento de la Policía Federal en inmediaciones del Palco, lado oeste, concurriera rápidamente a inmediaciones del
palco. En ausencia del Inspector Mayor Pinto transmitió la misma a un
Oficial presente.

Con posterioridad tomó conocimiento que el Señor Ministro del Interior
había ordenado el repliegue de estas fuerzas a la zona de "El Mangrullo".

9)- Sin conocer esta circunstancia, dado lo avanzado de la hora el suscripto,
delegó en el Tcnel. (RE) Schapapietra a cargo de las comunicaciones mantener el enlace con el suscripto y con el Comisario Inspector Pinto para actuar ante cualquier emergencia y se trasladó al Comando de la Fuerza Aérea de Ezeiza para solicitar noticias del avión y que dada la situación debían preveerse las alternativas de urgencia previstas.

10)- Encontrándose en el Comando de la Fuerza Aérea en Ezeiza tomó conocimiento de los primeros enfrentamientos por lo que resolvió desplazarse al
Hotel Internacional, donde tenía un puesto de comunicaciones, y dónde
fue informado de la gravedad de los hechos ocurridos.

Ante ello, dispuso que el personal a sus órdenes asegurara la evacuación
del personal que se hallaba en el Palco (músicos, técnicos, etc.) y se

                                                        ....///

replegara hacia el sud. El suscripto concurrió nuevamente al Comando de la Fuerza Aérea en Ezeiza para que se analizara cómo preparar la irradiación del mensaje del Señor General, desde esa zona, e inmediatamente buscó contacto con el Brigadier Zamboni, que se hallaba en el lugar de recepción del avión con los Comandantes en Jefe de las Fuerzas Armadas, y dónde ya el Señor Vicepresidente disponía que era necesario que el avión continuara vuelo a Morón, incorporándose al vuelo del helicóptero del Señor Vicepresidente.

El suscripto tenía directivas precisas de acompañar al Señor General.

11)- Luego de la partida del helicóptero hacia la Residencia de Olivos gestionó un helicóptero y se trasladó nuevamente a Ezeiza, tomando contacto con el Comando de la Fuerza Aérea y Policía Federal.

Para entonces se producían los últimos tiroteos y se desconcentraba el público; telefónicamente gestionó se estableciera seguridad en el Puente y la Policía se hiciera cargo de detenidos que se hallaban en el Puente "El Trébol" y Hotel Internacional, donde había cuatro heridos que debían ser trasladados por una ambulancia e identificados.

Igual trámite realizó con el Sr. De Morra para obtener las ambulancias.

12)- Sobre los hechos ocurridos se anexa informe de sus colaboradores inmediatos.

13)- Con referencia a la seguridad dada en la zona del Puente "El Trébol" donde se hallaba el Palco de Honor y lugar de aterrizaje de los helicópteros, las medidas tomadas fueron :

a)- Una estructura metálica rígida en forma de U con vértice hacia el frente, para evitar accidentes, y sobre cuya plataforma superior, actuaría la Banda Sinfónica y los periodistas televisivos y gráficos

...///

b)- Doscientos mil hombres de las organizaciones sindicales para el cordón de contención frente al Puente.

c)- Tres mil hombres de custodia personal rodeando la zona del Palco de Honor y zona de aterrizaje.

d)- Instalación del Palco de Honor blindado, con chapa de hierro y cristales de seguridad a prueba de balas, y cerrado en sus cuatro costados.

e)- Toda la zona superior del puente totalmente despejada. La comitiva solo debía recorrer 30 metros del helicóptero al Palco de Honor.

f)- Una prédica constante desde los megáfonos pidiendo orden y tranquilidad y remarcando la necesidad de contribuir a la unión de todos los argentinos.

14)- Que tiene conocimiento, hasta ahora, que del personal que se hallaba en la custodia del palco y pista de aterrizaje fue muerto el Capitán Chavarrí y heridos uno de bala en la cabeza y otro en el pecho, graves, y un Suboficial herido de bala.

Que de los integrantes del grupo de provocación, varios fueron aislados y golpeados por la reacción general, cuatro de ellos fueron llevados heridos al Hotel Internacional, por personal que no estaba a mis órdenes (solicité su identificación y evacuación a un Hospital).

15)- Que la acción preventiva de las Fuerzas de Seguridad, que han estado ausentes durante los episodios registrados, pudo haber evitado la tragedia de tantas pérdidas de vidas, heridos y la frustación de los millones de argentinos que concurrieron a rendir su homenaje al General PERON y a su esposa Isabel de PERON, y que esta grave responsabilidad alcanza a la no concurrencia de fuerzas de seguridad al flanco Este, solicitadas, y al retiro de la agrupación del flanco Oeste ordenada por el Señor Ministro del Interior.

21 de junio de 1973

Documento 4

Osinde presenta esta "Síntesis cronológica" a la segunda reunión de la comisión ministerial investigadora. Según él, ERP y Montoneros llegaron juntos y atacaron el palco. Esta es su tesis central. Para redondear su versión de un ataque coordinado contra el palco, que no podrá probar, confunde en uno solo los tiroteos claramente diferenciados de las 14.30 y las 16.30 confiando que entre los ministros hay un esquema político de interpretación de lo sucedido, pero no datos precisos que puedan confrontarse con su versión.

Ministerio de Bienestar Social

Subsecretaría de Deportes

SINTESIS CRONOLOGICA DE LOS EPISODIOS OCURRIDOS EN EL PALCO DE HONOR Y SUS L
ALREDEDORES LA NOCHE DEL 19 al 20 de junio y el mismo dia 20.-

"21,00 hs. Primeramente en inmediaciones del palco se fueron observando movimientos de vehículos volantes que expendian bebidas alchólicas, las,les que fueron requisadas por personal de seguridad del palco y llevadas lejos del lugar para su destrucción,ante la posibilidad de que esto ocurriera a lo largo de la Av.
Richieri, se adoptó la misma medida y se comprobó que esa maniobra se realizaba
en forma conjunta por varios vehículos,con los que se tomó en todos los casos la
misma acción de destrucción.-

22,00 hs. Se escuchan 3 ó 4 detonaciones de armas de fuego sobre el lado O. del
palco, se pudo comprobar que habia dos jóvenes heridos de bala, los que fueron
trasladados por ambulancia para su atención.Los ejecutores de los disparos fueron
castigados por la multitud que los rodeaba y uno de ellos rescatado pero seriamente
golpeado y entregado por personal de seguridad del palco, al móvil de la policia de
la provincia de Bs.As. la que lo detuvo y lo yxznx llevó para su internación .-

23,00 hs. Apartir de esta hora y en forma permanente e intermitente grupos de 5 ó 6
hombres pretendian infiltrarse dentro del cinturón de seguridad del palco, siendo
frenados en sus pretenciones en todos los casos sin llegarse a enfrentamiento alguno con el personal de seguridad.-

DIA 2o

9,30 hs. En el hogar escuela y al E. y destrás del palco, se escuchan detonaciones
de armas largas y cortas.Apersonado el jefe de seguridad del palco Sr. E. Iglesias,
pudo comprobar que trataban de rodear y apoderarse del hogar escuela, un grupo armado de aproximadamente 20 hombres diseminados en el bosque aledaño, y acompañados en su
acción por equipos de superficie de unos 1000 hombres que hostigaban constantemente
con sus gritos a los comañeros que estaban dentro del hogar escuela.-Se aconsejó al
personal del establecimiento que no contestaran a la incitación a la violencia, que
se parapetaran y conservaran la calma,salvo en el caso de agresión violenta,en tal
caso recibirian el apoyo de las fuerzas de seguridad del palco.-
EN NINGUN CASO SE CONTO CON COLABORACION POLICIAL ALGUNA, LA QUE SE MANTUVO AL MARGEN
DE LOS ACONTECIMIENTOS EN FORMA TOTAL.-

13,39 hs. SE COMENZARON A OBSERVAR movimientos y desplazamientos con el evidente deseo de rodear el palco, que consistian en la acción de columnas y grupos compactos de
200 a 300 hobres cada uno con los distintivos de FAR - ERP y MONTONEROS, en acción
coordinada que fué detenida por la acción del equipo de seguridad del palco, sin llegarse a caso alguno a la violencia, por parte de de estos últimos. —

14,15 hs. Somos informados que una nutrida columna de aproximadamente 2.000 hombres,
que se se había desplazado por la ruta 205, llegaba en ese momento al trébol del palco
desde el lado E.Precedidos por un hobre delgado, alto que empuñaba un sable y con megáfono montado sobre un jeep, dirigia el conjunto.Ostentando emblemas de "22 DE AGOSTO"
FAR - FAL - MONTONEROS,fueron inicialmente contenidos pacíficamente por la barrera
de la juventud peronista que recibia las directivas de la seguridad del palco.
Quien dirigia esta columna levantó en un determinado momento su megáfono en forma rápida y evidentemente ésta fué la señal para xxx que se abriera el fuego.
A partir de ese momento comenzó un nutrido tiroteo desde los árboles,grupos móviles
que se desplazaban desde los costados del trébol, saliendo de los montes, buscando como
centro de acción el palco oficial.
Al comenzar a caer heridos compañeros en el palco,se comenzó a reprimir contra los ///

F. 213 20.000 - X - 72

Ministerio de Bienestar Social

Subsecretaría de Deportes

///.-francos tiradores apostados en los árboles,no así sobre la superficie del
terreno; porque se podía herir a los compañeros allí concentrados.Al mismo tem-
po avanzó por detrás del palco un ómnibus tipo Leyland y luego otro,desde los
que se abrió un fuego nutrido de armas automáticas, originándose con ésto el pá-
nico general entre la gente, que en ese momento se encontraba cuerpo a tierra
para evitar ser heridos, cumpliendo con las indicaciones que desde la cabina
de transmisión les hacia el señor Favio, hasta el momento que dicha cabina fué
\ametrallada.-
A partir de ese momento se sucedieron tiroteos de diversa intensidad, entre los
activistas mesclados entre la multitud, en acción de francos tiradores y el personal del palco,los que en ningún momento abandonaron el mismo a pesar de las órdenes recibidas avanzada la tarde.
Estas acciones parciales continuaron hasta el anochecer,cuando al retirarse la
gente de la concentración comenzaron a quedar el descubierto.-
SE DEJA CONSTANCIA QUE AL ARRECIAR LOS TIROTEOS TODAS LAS FUERZAS POLICIALES DE
LA FEDERAL Y PROVINCIA SE RETIRARON DEL LUGAR.-

IMPORTANTE
        De fuente que merece absoluta fé se pudo comprobar que la columna
        que hizo la irrupción definitiva por la ruta 205,perfectamente orga-
        nizada y dirigida desde un vehículo a su frente con un megáfono, ini-
        ció su desplzamiento desde el sector Sud del Gran Buenos Aires,corean
        do estribillos habituales de los peronistas, sin mostrar las banderas
        y estandartes que sólo enarbolaron sobre el palco momentos antes de
        actuar.
        Mediante este ardid, en sus pasos por las populosas localidades de
        Lomas, Lanús,Monte Grande,etc. fueron sumando gente, la que era en-
        cuadrada en un cerco formado por cañas,portadas por los hombres que
        se desplazaban del lado exterior.Al fondo de la columna marchaban 2
        ómnibus grandes, los que posteriormente fueron empleados en acción
        de suma violencia.-

                                        21 de Junio de 1973

{ MUERTOS.   11 ó 13.-
{ HERIDOS.   134 a 150.

Datos de todos los hospitales. No se puede precisar todavía.
porque hubo desplazamientos entre uno y otro hospital.-
de allí que las cifras son apreciadas con esos márgenes
INFORME DE B.S.-

                                        1

F. 213 20.000 - X - 72

Documento 5

En su informe "En síntesis", Osinde se queja que por culpa de Righi no se pudieron usar gases contra los francotiradores. Este argumento sólo se explica porque Osinde sabía que no había francotiradores sino personal a sus órdenes y manifestantes desprevenidos que treparon a los árboles para ver mejor el acto. De otro modo, es impensable que un teniente coronel pueda creer que con gases lacrimógenos es posible enfrentar a francotiradores armados con fusiles.

EN SINTESIS:

- Considero de que se ha reeditado un hecho similar el que se proyectó para el día del retorno del General Perón - 17-XI-72.

- Que en aquella oportunidad aparecieron vinculados al hecho los señores Abel Medina, Galimberti y Licastro como cerebros de la organización.

- Que en las actuales circunstancias aparecen comprometidos por identidad de definiciones el señor Ministro del Interior, Dr. Righi, el Secretario General del Movimiento Dr. Abal Medina y el Secretario General de la Presidencia Dr. Héctor Cámpora (h).

- Que a través de la política seguida por el Ministro del Interior con respecto a las Fuerzas de Seguridad, el país ha sido sacudido por una ola de ocupaciones y secuestros, sin que se tomaran medidas ni se formularan, hasta último momento, declaraciones.

- Que es sugestivo la coincidencia de las declaraciones del Señor Ministro del Interior con la actividad que declara realizar el Secretario General del Movimiento tendiente a " desocupar las instalaciones públicas y privadas antes de la llegada del General para evitar una impresión desfavorable".

- Que tanto el Dr. Righi como el Dr. Abal Medina han condenado enérgicamente la actuación de personal a mis órdenes, pero no han tenido expresiones semejantes hacia quienes esté harto probado concurrieron armados a la concentración para perpetrar los hechos conocidos.

- Que el Dr. Abal Medina acusa de parcialismo a la Comisión Organizadora después del acto, pretendiendo desconocer su responsabilidad como in-

....///

tegrante de la misma y como Secretario General del Movimiento.

- Que la orden del Señor Ministro del Interior de replegar el destacamento de la Policía Federal próximo al Palco de Honor, ha sido una grave
interferencia que dejó librado al personal de custodia a sus propios medios, cuando la Policía disponía de otros medios para reprimir y desalojar
los francotiradores que actuaron desde los árboles y vehículos, como son
los gases y se hubieran evitado males mayores.

- Que todo cuanto he expuesto y el material que continuaré suministrando es
a los efectos de aportar a esclarecer un proceso que considero que es más
grave que los hechos ocurridos, dado que hasta es difícil de identificar
elementos pertenecientes a sectores anti-nacionales desde que el señor Ministro del Interior ha dispuesto la queme de los archivos policiales.

Todo ello no excluye mi responsabilidad que asumo en toda su magnitud, como miembro de la Comisión Organizadora a cargo de la Coordinación y Seguridad del acto proyectado.

22 de junio de 1973.

Documento 6

En su "Síntesis de las impresiones recogidas en la reunión del día 21" Osinde niega que al colocar en torno del palco un vallado sindical —por otra parte diez veces menor de lo que afirma— estuviera marginando a la Juventud Peronista; y lo atribuye a inverosímiles razones de "organización y disciplina".

Cuando le conviene, arguye con las diferencias políticas internas del peronismo, pero sin transición las descarta y se excusa recurriendo a argumentos técnicos, que además son falsos, ya que el 25 de mayo la JP había demostrado un buen nivel de organización y disciplina (página 2 de su informe).

Osinde manifiesta que nadie objetó sus disposiciones antes del acto (página 1). Pero sabemos que el brigadier Fautario declaró que no había garantías para el desarrollo normal del acto, en la reunión del lunes 18 de junio.

<u>SINTESIS DE LAS IMPRESIONES RECOGIDAS EN LA REUNION DEL DIA 21</u>

- Se han formulado objeciones a la Comisión Organizadora del Acto de Homenaje en Puente "El Trébol" y Autopista General Ricchieri, sobre áreas
  ajenas a su desenvolvimiento.
- El Dr. Abal Medina ha calificado a la Comisión de sectaria, cuando esa
  era precisamente su responsabilidad como integrante de la Comisión Organizadora. Si ha existido sectarismo es porque el lo ha permitido.
- El Señor Ministro del Interior ha pretendido, reiteradamente, expresar
  que el suscripto descargaba sus responsabilidades en las fuerzas de Seguridad.

  Es ello una falsedad. En cuanto a la Policía Federal prestó su más amplia
  colaboración y si el Destacamento al Oeste del Palco se retiró, lo fue por
  orden del Señor Ministro, actitud contradictoria con la problemática de
  "Comando Unificado" a que hace referencia.

  Es real que la Policía Federal subordinó a mis directivas la actuación de
  sus efectivos en la zona, no así la Policía de la Provincia ni Gendarmería
  Nacional.

  En cuanto a la referencia de que la ruta 205, que debía estar liberada al
  tránsito de invitados al Aeropuerto de Ezeiza y a cargo de la Policía de la
  Provincia, dejo aclarado que la posibilidad de que fuera superada fue ana-
  lizada en su oportunidad y ello motivó mi reiterado pedido de una fuerza
  de apoyo en el flanco E, durante la última reunión del día 18. Este pedido
  no fue atendido.
- La presencia de personas de custodia armada en defensa de la zona del Palco, y de aterrizaje fue conocida y aprobada por toda la Comisión a Nivel
  Poder Ejecutivo.

....//

Tampoco es veraz la expresión de que "marginare" la Juventud Peronista al colocar como barrera de contención 200.000 hombres de las organizaciones sindicales.

- Consideré que eran las más adecuadas por su organización y disciplina. Tampoco fue objetada en su oportunidad.

- Rechazo indignado la expresión del Dr. Abel Medina de que los que ocupaban el puente eran unos criminales. Primero porque desde el compañero Favio, que cumplió la directiva de "no entregar el micrófono" bajo las balas, hasta la del cumplimiento heroico de no entregar la zona del palco y de descenso de helicópteros, donde cayeron asesinados varios compañeros, señalan una grave parcialidad en esta apreciación.

- Al referirme a la columna en marcha desde Ruta 205 no he pretendido agraviar a los compañeros peronistas que se incorporaban a las mismas. Me he referido concretamente a los instigadores que creando falsos antagonismos internos provocan enfrentamientos con finalidades que marginan las directivas de la conducción Superior del Movimiento, pretendiendo arrastrarnos a una lucha de características ideológicas ajenas a los fundamentos de nuestra Revolución Justicialista.

- Es evidente una coincidencia en los planteos expuestos antes y durante la reunión, entre el Ministro del Interior Dr. Righi, el Secretario General del Movimiento Dr. Abel Medina y el Secretario General de la Presidencia Dr. Héctor Cámpora (h). Estas coincidencias han pretendido deformar los acontecimientos.

- Al margen de lo: expuesto tengo conocimiento que la Delegación Ezeiza de la Policía Federal ha tomado e identificado detenidos y secuestrado armas, como así también una chapa pectoral protectora de hierro.

22 de junio 1973

Documento 7

El memorándum de Ciro Ahumada. En su apuro por atorar a la comisión investigadora con documentos, Osinde no reparó que este memorándum de Ciro Ahumada refutaba las afirmaciones de su "Síntesis cronológica" y de su "Informe sintético".

Ahumada distingue claramente el primer tiroteo del segundo (aunque no dice cual fue su verdadero origen) y admite que fueron sus hombres los que rastrillaron el bosque capturando prisioneros, por más que luego rehuya su responsabilidad en las torturas.

MEMORANDUM

Para conocimiento del sr. Tte Cnl. D. JORGE OSINDE

Producido por : CIRO AHUMADA

Buenos Aires,20 de Junio de 1973.-

Texto

Al comenzar los primeros disparos,llamó la atención que se produjeran aproximadamente a la hora en que normalmente debería haber llegado el avión que conducía al sr. General Perón.

Provenían del sector sud - oeste con respecto a la instalación del palco.Aquel de la ruta 205 y altas arboledas de pinaceas que la bordean.Pareción un tiro de prueba y reglaje,aún cuando ya produjo algunas víctimas entre heridos y heridos graves.Fué un fuego artero y emboscado,repelido espontáneamente por grupos armados que se encontraban en proximidades al lugar de iniciación del fuego.

En ningún momento se inició desde el palco y tampoco se repelió,pues no se sabía desde donde pro venía.Eran armas largas y de precisión aún cuando se escuchó el fuego de algún arma automática.

Ese sector estaba dominado por F.A.R. ; F.A.L. ; Agrupaciones de estudiantes de la Federación Universitaria de la Revolución Nacional de la Plata,Juventud Peronista ,y J.de Trabajadores Peronistas. e infiltrados

Las Fuerzas Policiales y/ó de Gendarmería que deberían fiscalizar el sector brillaban por su au sencia.

El acceso a la ruta 205 en el puesto de control instalado en intercepción con paso de ferrocarril, era expedito,con un control tan solo de presencia y de regulación del tránsito pero totalmente libre. En ese punto,se encontraban preferentemente fuerzas policiales de la Policia de Buenos AIres (Provincia).Un total de efectivos aproximado en el órden de los 35 hombres entre oficiales suboficiales y tropas.

Ese es precisamente el acceso obligado al sector donde se concentra en todo momento la fuerza o grupos que inician el fuego.

El segundo momento en que reabren el fuego desde la misma zona,es a partir del momento en que desde el puesto de trasmisiones radiales se órdena y se emplaza a descender de los árboles ab solutamente a todos los que allí se encuentran.Independiente de esta tarea se mandan efectivos propios a efectuar tareas de limpieza,rastrillaje,observación del cumplimiento de la órden,obser vación para la localización de los grupos provocadores ,neutralización de los mismos ,toma de prisioneros,etc.-Ya era el atardecer y aproximadamente el momento en que apreciaban que todavía podría llegar al palco el sr. General Perón.

Considero como una labor de provocación evidente o de incociencia estúpida la tarea desarrollada por los grupos que tomaron a los presos y probables provocadores/apresados por la fuerzas que realmente estuvieron en la labor de lucha y cumplimiento estricto de la órden impartida

trasladaron al piso especialmente reservado en el Hotel Internacional para los austríacos.-
podrían haberlo hecho en cualquier otro lugar pero justamente eligieron ese y con la mala fé
de aprovechar las circunstancias en que no se encontrabe ninguna persona que pudiera evitarlo,
puesto que cada uno estaba en sus puestos de responsabilidad.Quienes fueron...? No será difícil
localizarlos.-Se tiene la pista segura.-

En cuanto a:quienes han iniciado el fuego y por que...? Tan solo puedo decir que ha obedecido
a un plan muy bien premeditado y planificado y con apoyos directos o indirectos como el del
estúpido proceder del sr ministro del Interior,un imberve,al que tal vez le faltan precisamente
el conocimiento de diesiocho años de lucha dura y en todos los campos y en la lectura superficial
de textos académicos muy bien encuadernados.

Documento 8

Memorándum manuscrito del edecán aeronáutico del presidente de la República, vicecomodoro Tomás Eduardo Medina.

Comienza a desmoronarse la versión de Osinde. Medina relata que Fautario planteó antes del acto su desacuerdo con los preparativos de Osinde, quien en la reunión del 18 de junio le contestó ásperamente (página 5 del manuscrito). Pero luego de la masacre, Fautario callará este significativo episodio previo. Los militares apoyarán a Osinde y se valdrán de López Rega para dividir al peronismo.

Para información de: Producido por Adición de
Sr. Presidente de la   Fuerza Aérea y Aux. de Tomas
Nación Cdr. Héctor J.   Eduardo Jardino
Cámpora

Viernes 15 de Junio

21:00   El Señor Vicepresidente en Ejercicio, ordena lo con-
        currencia a Casa de Gobierno, para el día siguien-
        te sábado 16 a las 1120 hs del Sr. Comandan-
        te en Jefe de la Fuerza Aérea.

21:30   Cumplida la orden el Sr. Brig Gral Fautario me
        ordena requerir, en lo posible, el temario de la reunión
        a fin de preparar antecedentes; a este respecto el
        Sr. Vicepresidente informa que el temario a tratar
        se refiere a medidas de seguridad a tomar
        en el Aeropuerto Ezeiza, dado que había recibido
        la denuncia que miembros de la Juventud Peronista
        tomarían el aeropuerto ante los antecedentes des-
        favorables que a juicio de ellos tenía el Jefe de
        Aeropuerto Comodoro Solas. Se transcribe el informe
        solicitando al Sr. Cte en Jefe que la comisión decida
        que trabaje con el Sr. Jefe de Casa Militar lo
        concerniente.

Sábado 16 de Junio

11:00 hs Se hace presente el Sr. Cte en Jefe de la Fuerza Aérea
          y procede a imponerse de la situación, dado que
          la comisión se encuentra en Ezeiza. Se relatan
          los conceptos de la reunión del día anterior con
          su referente el Cnel. Osinde.

11:30 hs Se reúnen el Sr. Vicepresidente y Cte en Jefe
          de la Fuerza Aérea.

12 30 — Finaliza la reunión, ordenándose para las 19.30 una reunión presidida por el Sr. Vice presidente y a la cual deben concurrir las autoridades que llegan a la realización, con respecto a las responsabilidades de la Fuerza Aérea.

El señor Brig. Gral Fautario me manifiesto personalmente que se encontraba muy preocupado por la situación actual de los acontecimientos y que va a exigir en la reunión, el deslindar definidamente los distintos responsables de la organización general del acto a desarrollarse en jurisdicción del Aeropuerto.

19 30 — Se encontraban reunidos en Sala de Situación los siguientes personas:
- Ministro de Trabajo S. Otero.
- Ministro del Interior Dr. Righi.
- Ministro de Defensa Dr. Robledo.
- Jefe de la Policía Federal Gral (R) Tenegони
- Tcnel. Osinde
- Cte. de la Fuerza Aérea Brig. Gral Fautario
- Cte. de Regiones Aéreas Brig. May. Klix
- Subjefe II (Inteligencia) de Fuerza Aérea Brig. Ruiz Díaz
- Jefe de casa militar Brig. Poseda.

16 50 — Se hace presente el Sr. Vice Presidente y comienza la reunión manifestando el Sr. Solano Lima su preocupación por la denuncia recibida y invitando a los señores presentes a dar sus puntos de vista personales al respecto.

Comienza el Tcnel. Osinde repitiendo lo manifestado en la primera reunión informativa a la cual concurrió el Sr Presidente, aclarando que va a disponer a sus ordenes un grupo de la

juventud, en los aledaños del palco para contener
cualquier exceso y que su puesto de comando
se instalaba en el Hotel Internacional se ubica
a partir del lunes

A continuación hizo uso el Gral Ferrazzano y
posteriormente se generalizó el diálogo dándose
los principales puntos de vista. El Brig Gral
Fautario en cuanto a que no se había tenido en cuenta la protección integral del dispositivo
pues no se había previsto de vigilancia en
la zona sud oeste y norte del mismo, o sea
la parte más vulnerable – ①

Se respecto se acuerda comenzar de inmediato la
acción con un grupo de trabajo formado
por integrantes de las tres fuerzas armadas
y la Policía Federal. Solicita de la provincia
de Bs As acordándose en principio la
no participación de tropa armada quedando
disponible las fuerzas de seguridad es decir
Gendarmería Nacional, Prefectura Naval Marítima
y ambas Policías – Se establece además comenzar a
trabajar de inmediato a fin de producir un
informe final el lunes 18 de junio a las 19.30

① Además hizo notar que a 200 mts del palco
hay un instituto militar de la Fuerza Aérea
que podría ser atacado para la cual solicita
se le protección policial pues el personal
militar no iba a intervenir mientras no se
desbordaran los límites naturales de sostable-
cimiento –

21.00 Finalizó la reunión comenzadas de inmedia-

... la actuación del personal por parte de sus
mandos naturales para comenzar la tarea.

Domingo 17 de Junio

07.30   comienzan a trabajar los Equipos de trabajo.

lunes 18 de junio.

19:30   se inicia la reunión final con los mismos
asistentes a los que se agregan.

        1. Jefe de la Policía Federal Bs. As. Crel. Bidegain
        Sr. Secretario de Informaciones de Estado Bay May (?) Aparicio
        3. Jefe de Gendarmería Nacional Crel. Villegas.
        4. Perito Social Juan Lucas.
        5. Secretario Gral. de la Presidencia de la Nación —

Se dio comienzo a la reunión, con palabras
del Sr. Brig. Acosta donde se explicó un
nuevo dispositivo de las fuerzas de seguridad
protegiendo la totalidad del perímetro del aeropuerto — e institutos de la Fuerza Aérea.
Ante la necesidad de defender el transformador general del Augusto sobre la Autopista
Sol del Federal manifestó no tener unos efectivos
disponibles. Gendarmería lo mismo; Policía de
Buenos Aires comprometió la custodia de por lo
menos cincuenta hombres; a ese respecto el Sr.
Brig. Gral. Fautario preguntó concretamente si ante
el avance del público en gral. que actitudes iba

a tomar cada una de las fuerzas de seguridad
a lo que [Policia] Federal (Cnl [Baccara]) [contestó] que
por [medio] de patrullas móviles y la policía [monta-]
da se iba a [tratar] de [encauzar] al público a
[lugares] que no [comprometieran] la seguridad del
[acto] y el [aeropuerto] y pistas en particular.
2) [Policia] de la [Provincia] de Bs. As. (Cnl [Brogain]):
     que las fuerzas [empleadas] no iban a tomar
[ninguna] actitud [contraria] a los [deseos] de la
[mayoría] del público [si] esto se [manifestase] como
[para] acercarse al [avión] o los [actos] o [rebasar] el
[dispositivo] formado.
3. [Gendarmeria] Nacional (Cnl [Vallejo].): que sus
[efectivos] [efectuarían] dentro de [sus] [posibilidades]
[la] mayor [contención] posible [sin] [apelar] al
[armamento], [dado] que la poca cantidad de
[efectivos] [reunidos], que [rodeaban] el [aeropuerto]
[no] [permitirian] [controlar] la [infiltración] desde
sud [norte] y oeste.
[Asimismo] [el] Sr. [Cte] [preguntó] que [medidas]
de [seguridad] tenía [adoptadas] el [Tcnl] [Obuch]
[en] caso de que el público [rebasara] el [palco]
a lo que el [Tcnl] [Obuch] [manifestó] que
esa era [su] [responsabilidad] [única] y que se
[habían] [arbitrado] los [medios] para que eso no
[ocurriera] [destacando] que el [sólo] se [hacía] [respon-]
[sable] por lo que [ocurriera] en el [palco].
[Ante] esos [sucesos] el [Sr] [Cte] en [jefe] ad-
[virtió] a la [reunión] que el [personalmente] [consi-]
[deraba] que no [estaban] [dadas] las [garantías]
[para] [posibilitar] el [desarrollo] [normal] de los
[acontecimientos].
[En] [un] [momento] el [Sr] [jefe] de [Casa] [Militar]

⑥

solicito se le informara cuál iba a ser el destino ulterior del S Gral Perón dado que las ordenes que el tenía era trasladarlo mediante helicóptero a lo que el Cnel Oliende ratifico lo expresado anteriormente y que era decisión de la Comisión de Recepción trasladar al folac hasta Aeroparque en helicóptero y desde ahí en automóvil hasta la residencia de la calle Gaspar Campos.

Aproximadamente una hora y media el comenzada la reunión y luego de consideraciones jurídicas sobre lo conveniente de dar por finalizada la reunión se dejo como constancia si que ambas reuniones no fueron grabadas ante ausencia unánime de los concurrentes.

Documento 9

El jefe de la custodia presidencial informa a López Rega sobre la actitud agresiva del personal de seguridad del palco y la forma en que usaron sus armas contra la multitud. Rogelio González es un técnico que cita a otros técnicos. Es amigo de López Rega y de Osinde. Por eso su testimonio es ilevantable.

MEMORANDUM   PRODUCIDO POR

Para información de:

Sr. Jefe de la CUSTODIA PRESIDENCIAL.-

**S.E. Sr. MINISTRO DE BIENESTAR SO-
CIAL.-**

Buenos Aires. 20 *de* JUNIO *de* 1973.-

Asunto : **EVACUAR INFORME SOBRE SUCESOS ZONA EZEIZA.-**

En la fecha, siendo las horas 12.00 aproximadamen
te, en circunstancias que dos miembros de esta Custodia Presidencial, Angel Pablo BORDON y Rodolfo MONALLI, ejercían -
sus funciones específicas en el Palco de Honor instalado en
la Avenida Richieri, Puente 16, y alrededores, pudieron observar las siguientes circunstancias:

a) En el mismo se hallaban alrededor de 200 personas, pertenecientes a la Juventud Peronista y Gremialista,

b) Que las mismas portaban armas cortas y largas de diver
sos calibre.

c) Que éstas respondían en forma exlusiva a órdenes produ-
cidas por el Sr. Tte. Cnel. OSINDE.

d) En un momento dado se aproximó al Palco una caravana
de personas, para engrosar la multitud que componía -
el acto; ante ello, los mencionados en primer lugar -
que oficiaban de "custodia", se colocaron "cuerpo a -
"tierra" y en evidente actitud de combate, lo que dis-
persóa los manifestantes, produciendo empellones y o-
tro tipo de desórdenes que a la postre significó como
resultado varios lesionados y contusos.
Esta novedad se puso en conocimiento del Sr. Héctor -
CAMPORA (h) y del Sr. Diputado Dr. DIAZ ORTIZ, los que
se apersonaron al lugar de los hechos y corroboraron -
el desorden imperante entre las dos fracciones y observando lo siguiente:

1- Gran cantidad de disparos de armas de fuego, co-
rridas en distintas direcciones de la gente men
cionada como "custodia", quienes con sus armas 0
lo hacían contra una fracción presumiblemente -
oponente; disparos en ráfaga de ametralladora en
forma indiscriminada por parte de aquellas personas, quienes también manipuleaban granadas de -
guerra; como consecuencia de todo ello se observó a gran cantidad de personas heridas que quedaban en ese estado sobre los canteros. Esta situación hizo que el Dr. CAMPORA (h) y el Dr. Ortiz se arrojaran al suelo para no ser heridos -
por los proyectiles. Finalmente se hizo presente
en el lugar una Brigada de la POLICIA FEDERAL (-

///

- 2 -

///(Sección EXPLOSIVOS), quien procedió al desarme de arte-
factos explosivos que se hallaban instalados en el referido
Palco.

2- El Oficial Subinspector Omar Horacio PITENCO, el -
Sargento 12.112 Humberto ZELADA y 13.372 Eduardo -
Jorge MIMEO, todos de la POLICIA FEDERAL y del nu-
merario de esta Custodia Presidencial, aseveran las
manifestaciones de los nombrados BORDON y MONALLI,
agregando que a las horas 11, fué el primer tiroteo
en ese lugar, partiendo la iniciativa de aquellos -
hombres de "custodia".

Todos los nombrados aclaran que en general, los que
empleaban las armas de fuego, eran jovenes del sexo
masculino, en una gran mayoría con brazalete identi
ficatorio "J.P.", algunos de color negro y otros -
azul y blanco con la inscripción "COMISION ORGANIZA
"DORA J.P.", quienes lo hacían en forma indiscriminada y con evidente inexperiencia.-

3- Como resultado de los hechos recibió un impacto de
bala el Sr. Edmundo GONZALEZ, de esta Custodia quien
presenta herida región glútea lado derecho.

- ROGELIO GONZALEZ -

Jefe Custodia Presidencial

Documento 10

Informe del general Ferrazzano. El jefe de la Policía Federal recuerda que Osinde rechazó el plan policial y precisa que el cerco gremial sólo era de 20.000 personas, y no de 200.000 como pretende Osinde. Esta orfandad política explica que para controlar el acto se acudiera a las armas. Ferrazzano recuerda cuál era la disposición de las fuerzas de seguridad, decidida por Osinde, en lugares que no permitían la intervención policial.

MINISTERIO DEL INTERIOR

POLICIA FEDERAL

BUENOS AIRES, **20** JUN **1973**

Señor MINISTRO.

Acompaño, para información de S.E., detalle cronológico de los sucesos acaecidos en la fecha en las proximidades del palco de honor instalado en Autopista Teniente General Ricchieri y Ruta 205.

Saludo a S.E.

GRAL. DE BRIGADA (R.E.)
JEFE DE LA POLICIA FEDERAL

A S.E. el señor Ministro del Interior,
Dr. Esteban Justo Antonio RIGHI.
S._____ / _____ D.

POLICIA FEDERAL

BUENOS AIRES,

Señor MINISTRO.

Cronológicamente se informan las novedades relacionadas con los graves sucesos acaecidos en adyacencias palco de honor instalado sobre Autopista General Ricchieri y Autopista 205:

Horas 14,30: Puesto Comunicaciones en Destacamento 20, informa que se registra tiroteo entre grupos antagónicos civiles en adyacencias palco de honor.

Horas 15,20: Comisario Mayor PINTO informa que el tiroteo se produjo en la parte posterior del palco de honor, en un enfrentamiento entre grupos antagónicos civiles, presumiéndose que habría personas heridas, razón por la cual destacaba ambulancias policiales al lugar. Posteriormente amplía la información, refiriendo que dicho palco de honor era protegido por un vallado humano de la juventud peronista, que respondía a las órdenes directas del Teniente Coronel OSINDE, que se había enfrentado con una manifestación de unas 1.500 personas que entonaban cánticos socialistas y agresivos. Hacía una estimación de unos 105 heridos, atendidos en el Hospital de Ezeiza.

Horas 16,03: Es ubicada en la parte trasera del palco oficial una granada tipo militar, que es desactivada por la Brigada de Explosivos.

Horas 16,47: Se produce un nuevo enfrentamiento armado en los alrededores del palco de honor, oyéndose a la distancia disparos de armas de fuego. Por indicación del Teniente Coronel OSINDE, se detienen cuatro personas.

Horas 17,50: Comisario Mayor PINTO informa que panorama alrededor del palco es normal.

El personal técnico de Comunicaciones y Bomberos de esta Policía que se encontraba en el Palco de honor, afectado a sus tareas específicas no resultó herido.

El personal policial acantonado lejos de la vista del público, acorde a diagramación de servicios realizada por Comité de Recepción, no intervino en los sucesos.

///   Se hace constar que la Policía Federl Argentina
presentó al señor Teniente Coronel OSINDE, una planificación de servicios de seguridad sobre palco de honor y
zona de influencia, con personal uniformado y de civil que
fuera rechazada por aquél. Se compaña un ejemplar de la
medidas aludidas y no aceptadas.

    El señor Teniente Coronel OSINDE, requirió únicamente a Policía Federal un nucleamiento de fuerzas poli-
ciales uniformadas, en lugar alejado de la vista del pú-
blico y con posibilidades de desplazamiento por interiores de terreno; servicio de bomberos en palco de honor
con elementos idóneos para combatir incendios y Brigada
de Explosivos; personal técnico en comunicaciones; y mantener en apresto fuerzas en Capital Federal para el supue
to de actuación en Plaza Mayo y adyacencias, agregándose
posteriormente la instalación de do salas de detenidos
alejados de Autopista Ricchieri y del palco de honor.

    En reuniones formalizadas ante S.E. el señor Vice
presidente de la Nación en ejercicio de la Presidencia y
ante el señor Jefe de la Casa Militar, con asistencia de
todas las áreas afectadas, que incluía Policía Federal el
señor Teniente Coronel OSINDE explicó el servicio y las
medidas de seguridad sobr palco de honor y adyacencias
a su exclusivo cargo, que efectuaría con integrantes de la
Juventud Peronista y Suboficiales retirados de Ejército
Argentino, en el primer cerco de protección, complementado por otro cerco a cargo de entidades gremiales en un nú
me ro aproximado a las 20.000 personas.

    El suscripto acompañado del se or Subsecretario
de Asuntos Institucionales Dr.Domingo MERCANTE (h) en vi-
sita de inspección realizada a la zona palco de honor y
adyacencias, a la hora 13,00 de la fecha, verificó que el
dispositivo de seguridad estaba instalado en la forma pre
vista por el señor Teniente Coronel OSINDE, visitando pos
teriormente las fuerzas de esta Policía Federal acantonadas a unos 1.500 metros del lugar, fuera de la vista del
público, y sin posibilidad de intervención inmediata en
hechos, como el sucedido, sinó en función de retén para
adtuación sobre focos localizados, una vez recepcionada
orden en tal sentido del Comité de Recepción, representa-
do por el Teniente Coronel OSINDE y acorde a lo coordinado.

///

POLICIA FEDERAL

///   Finalmente se hace constar que el Plan de Seguridad resultante de las indicaciones dadas por el Tenien
te Coronel OSINDE fue expuesto en la Sala de Situación
de la Presidencia de la República, el día lunes 18 del -
corriente, en presencia del Excmo.señor Vicepresidente en
ejercicio; del Comandante en Jefe de Aeronáutica; del Je
fe de la Casa Militar; del Director Nacional de Gendarmería; del señor Ministro de Trabajo; del Delegado de la
Prefectura Nacional Marítima; del Jefe de la Policía de
la Provincia de Buenos Aires y de otras autoridades, en
cuya circunstancia lo propuesto fue aprobado sin objeción
por parte del Teniente Coronel OSINDE, presente en dicha
reunión. Ese dispositivo fue el adoptado en la circunstan
cia del acto del día de la fecha.

Documento 11

El informe que costó la vida a Julio Troxler. El sub-jefe de la Policía de Buenos Aires certifica que los ocupantes del Hogar Escuela eran subordinados de Osinde, quien se interesó por ellos cuando fueron desalojados. Troxler narra qué grupos dominaban el palco, y cuáles eran sus aprestos bélicos, la actitud pacífica de la columna sur de la JP, la agresión desatada desde el palco y la confusión que enfrentó a dos bandos dirigidos por Osinde, que se tirotearon entre el palco y el Hogar Escuela. También desmiente la presencia del ERP en Ezeiza. Policía de carrera, sobreviviente de los fusilamientos de 1956 en el basural de José León Suárez, héroe de la resistencia peronista, Troxler fue muerto por la espalda por la AAA en setiembre de 1974.

El Sel Jefe de Policia de la Provincia de Buenos Aires

JULIO TOMAS TROXLER
SUB JEFE DE POLICIA

, salada con la mayor consideración al Sr. Sub Secre
tario del Ministerior del Interior Dr. Carlos Manuel Scober, hación
dole llegar -conforme a lo convenido telefónicamente - copia del-
informe sintetizado sobre los hechos ocurridos en Ezeiza el 20 del
corriente mes.

Asimismo hago saber que relacionado con el conflicto
suscitado entre patronal-overarios del establecimiento "Provita"
(R. Panamericana y Ruta 197-San Fernando) en el día de ayer ha quedado
do solucionado de común acuerdo entre partes.

Sin otro particular me despido de Ud. quedando a sus

gratas órdenes.

.........(Sub Jefatura de Policía...), 27 junio de 1973

Sr. Sub Secretario (........al Interior)
Dr. Carlos Manuel Scober

BREVE SINTESIS DE LOS HECHOS OCURRIDOS EN EZEIZA

Antecedentes

Ante la proximidad de la llegada del Tte.Gral.J.D.Perón y, por razones de seguridad, esta repartición procedió sin incidentes,al desalojo de las instalaciones del Hospital Ezeiza, Escuela de Enferme ras y Hogar Escuela, que desde varios días atrás las habían ocupado - haciendo ostentación de armas de fuego. Esta medida de desalojo fué a- doptada el día 19 de junio al mediodía por las siguientes razones :

a) Las instalaciones habían sido ocupadas por un grupo de aproximadamente 300 jóvenes que lucían brazaletes con la sigla "J.P." con ostentación de armas de fuego, e identificados como pertenecientes al grupo Comando de Organización, bajo dirección de BRITO LIMA.

b) Los menores internados en el Hogar Escuela debieron ser licenciados por temor a hechos graves que pudieran afectarlos.

c) Los destrozos causados por los ocupantes en las instala ciones.

d) Los ocupantes en horas de la noche patrullaban el barrio practicando requisas e identificación de personas, e interceptando a - personal uniformado de la policía local que recorría al frente del O- ficial Principal a cargo del Destacamento de Caballería.El grupo que lo interceptó estaba a las órdenes de un Consejal DOMENICO o DOMINICO- del Partido de Esteban Echeverría.

f) La proximidad con el Palco Oficial y como medida preven tiva.

Al ser desalojados el Consejal DOMENICO o DOMINICO intervi no en favor de los ocupantes sin hacérsele lugar ,yel grupo solicitó - tiempo para antes recibir instrucciones del Tte.Cnl.OSINDE , a lo que- tampoco se hizo lugar.

Antes del desalojo el Sr.OSINDE se había interesado por los ocupantes, y luego del desalojo concurrió personalmente al Destacamen to de Caballería para informarse de los motivos del desalojo aclarando que los desalojados respondían al Gobierno por su intermedio.

Reocupación de las instalaciones

Ese mismo día 19 de junio, en las últimas horas de la noche los grupos desalojados reocupan todas las instalaciones, pero su canti dad se ve enormemente incrementada.En el Hogar Escuela se respondía a- dos personas que se hacían llamar MARTIN y MARTINEZ, y con ostentación- de armas de fuego.

A las 2 hs del día 20 de junio se oyeron disparos de armas de fuego provenientes de los montes del Hogar Escuela, que se reitera- a las 10,30 y finaliza a las 11 hs.

<u>Panorama en las inmediaciones del palco oficial el día 20-6-73</u>

En la mañana del día 20 de junio se había evidenciado lo siguiente :

a) Puente "El Trébol" y Palco Oficial

Ocupado el puente por compactos grupos de S.M.T.A. Ocupado el palco oficial por grupos del C.O.R. que responde al Gral.Miguel A.Iñiguez , y la C.G.T.,observándose la presencia del N.JCLENKO, recientemente amnistiado, siendo este el que dió muerte a N.Castro frente al local de la calle Chile del Partido Justicialista.
Todos los grupos nombrados hacen ostentación de armas de fuego de poxtencia, pistolas, ametralladoras y responden al Sr.OSINDE.

b) Instalaciones Hogar Escuela-Escuela de Enfermeras-Hospital Ezeiza, identificados como pertenecientes al Comando de Organización (Brito Lima) avalados por el Sr. OSINDE , también fuertemente armados.
Las instalaciones del Hogar Escuela-Escuela de Enfermeras, ocupadas como "Centro de Operaciones", y el Hospital Ezeiza para asegurarse los servicios médicos de los grupos mencionados ante los enfrentamientos que pudieran ocurrir y que indudablemente preveían por el armamento que portaban.

c) También se evidencia que estaban dispuestos a impedir a cualquier costo a impedir que otros grupos con los que mantienen diferencias políticas, pudieran acercarse al puente y palco oficial.
Se llevan a cabo algunas escaramuzas de pequeños grupos que intentan llegar al puente y palco oficial, que es rechazada violentamente por el grupo que había copado las instalaciones.

<u>Los enfrentamientos graves</u>

a) Varias columnas compactas,sobre la hora del arribo del Sr.Perón y Cámpora , llegan a las proximidades del puente y palco oficial con el objeto de incorporarse en el lugar, en forma pacífica y sin ostentación de armas de fuego, rebasando las vallas que los grupos a las órdenes del Sr.OSINDE habían colocado.
b) Los grupos que se hallaban sobre el puente (S.M.T.A.) a los que se incorporan los grupos del palco Oficial, rechazan violentamente la llegada de las columnas e inician el fuego con armas cortas y largas que los periódicos han ilustrado por medio de fotografías.
c) Las columnas repelen la agresión con armas de poco calibre y se repliegan en busca de protección ante la superioridad del armamento con el cual son atacados, ubicándose en una bajada del costado de la autopista y en tres o cuatro pequeños bosquecillos de poca altura, uno de ellos de 7 coníferas, otro de 8 árboles ralos y bajos, otro de tres , y otro pequeño y favorecido por la bajada.

d) Tratan de resistir en los lugares , ya que tras esa protección natural en su repliegue hay un trecho descampado hasta llegar al comienzo de un monte, mientras que el grupo atacante sigue avanzando obligando finalmente a que los integrantes de las columnas emprendan el abandono del lugar hacia el monte y tomando distintas direcciones, en su mayoría hacia la ciudad "General Belgrano".

f) Son perseguidos a mucha distancia del puente y palco oficial , alcanzando por la espalda con armas de fuego a algunos de ellos , hasta que al llegar frente a las instalaciones del "Hogar Escuela" y en la creencia que allí se habrían refugiado los que huían , abren nutrido fuego produciendo destrozos en puertas, ventanas, vidrios etc.,hasta que advierten el error y que los que lo ocupaban pertenecían al Comando de Organización.

g) Luego proceden a capturar en forma indiscriminada a personas que huían que trasladan al palco oficial, siendo brutalmente golpeados y trasladados a la oficina 116 del 1° Piso del Aeropuerto de Ezeiza , en donde todos son nuevamente golpeados con culatas de armas de fuego, con puñetazos y puntapiés, produciéndoles graves lesiones, y exigiéndoles que confiesen quienes los habían reunido, y acusándolos de "comunistas" o "capitalistas".

En medios de los castigos se les hace saber que se los tendrá allí hasta la noche en que serán ejecutados, fusilados o ahorcados en el monte, haciéndose presente el actor LEONARDO FAVIO , que tomó los nombres de los capturados y recriminando severamente a los que los golpeaban por esa actitud, y haciéndolos responsables por la seguridad física de los capturados.

h) La actitud de FAVIO hizo cesar los golpes y fueron sacados de la oficina 116 ante el anuncio que la policía federal se haría cargo de los detenidos, y para que la policía no viera las manchas de sangre en las paredes y piso de la oficina.

i) También se advirtió que cuando el público o médicos auxiliaban a los heridos del grupo que llegó en columnas, eran atacados con armas de fuego , produciendo heridos.Estos ataques también eran efectuados por personas que se movilizaban en un automovil Torino y un Peugeot.

En otro orden de cosas se descarta-por no existir elementos de juicio-que en los incidentes hayan participado elementos del E.R.P. , pese a un solo panfleto del E.R.P.22 hallado bajo a 'la tierra con un corcho, con la evidente intención de desviar la investigación.Este panfleto fue hallado entre la zona de los bosquecillos y los palcos laterales donde se enfrentaron los grupos

Documento 12

El helicóptero de Osinde. Este informe del Servicio de Informaciones de la Policía de la provincia de Buenos Aires prueba que Osinde no sobrevoló la zona a las 15, como dijo, sino a las 12.40. A las 12 anunció que lo haría media hora más tarde (carilla 1 del informe policial) y a las 12.40 comunicó desde el aire que el panorama era normal (carilla 2).

Aun cuando hubiera sobrevolado a las 15, Osinde no podría haber visto el avance de la columna sur de la Juventud Peronista, ya que ésta llegó al palco y fue tiroteada media hora antes.

BUENOS AIRES, 20 de Junio de 1973.-

PARTE DIARIO INFORMATIVO Nº _____

INFORMACION DEL:

BOLETIN ESPECIAL

N T O :

10,00 ORIGEN: (S.I.P.B.A.-Crio. Inspector Martinez- Recibió Oficial
Principal Kacrkowski)

- SIN NOVEDAD.-

10.30 ORIGEN: (Comando de Operaciones La Plata- Oficial Ayudante Gonza-
lez- recibió Oficial Primpal Marino) Mayor Velásques.-

-10.15 Ezeiza, sin novedad. Mucha afluencia de público.
-01,10 En calles Trocha Angosta y empalme Ruta nº 205, inte. ren-
tes de una pick-up se dedicaban a asaltar peatones; en un
enfrentamiento con la policía fueron aprehendidos, resul-
tando herido el Agente Jesus Roque Gonzalez y el señor Vic-
tor Gigena- 19 años de edad, quienes fueron trasladados al
Hospital de Monte Grande.-
-10,40 Informa Crio. Inspector Ventre C.O.P.P.F.
El acceso peatonal todavia es factible.-
El Acceso vehicular es imposible.-
-10,50 Informa Crio. Inspector Mendez- C.O.P.P.B.A.
Nucleamiento político que rodea al palco son integrantes
del Movimiento Peronista.-
Gremiales de las "62" Organizaciones.-
Cantidad de personas estimadas: 2.000.000 en aumento.-
-11,00 Informa Capitán Saenz Valiente (S.I.D.E.) recibió Mayor Má
quez.-(sobre carta de situación hora 11.00hs.) Se espera
panorama.-
-11.30 Informa Crio.Insp. VENTRE:COP:
Quedan dos ocupaciones: Democracia; Lugano
-12.00 Crio.Insp. VENTRE: informa que a las 12.30hs. Tte.Crel //
OZINDE, va a volar la zona: Myor,Velzquez.
-12,20 Informa Cabo 1º Rodriguez SIPBA.recibió Mayor Velazquez-
Que a horas 11,30 se produjo un tiroteo en inmediaciones
palco principal con varios heridos- se desconoce cantidad.
-12,15 Informa Oficial Ayudante Gonzalez C.O.P. L.P.-recibió Oficial Principal Mariño.-
Pasan de 2.000.000 las personas congregadas.-
Tiroteo en las inmediaciones del Palco Presidencial con varios heridos.-
-12,30 Informa SIPBA-Subcomisario Forinelli-recibió Mayor Velazquez.-

PARTE DIARIO INFORMATIVO N° _____

. INFORMACION DEL:

INTO:

- Estan tratando de confirmar tiroteo en el palco presidencial.-

- 12,40   Informa Crio. Inspector Ventre-recibió el Mayor Velazquez.
De acuerdo a la comunicacion del Tnte. Coronel Osinde dos
de el Helicoptero panorama normal y aproximadamente dos
millones de personas en la concurrencia.-

-12,50   Informa Comisario Farinelli- SIPBA- recibió el Mayor Velazquez.-

No se pudo confirmar hasta el momento el tiroteo en el
palco presidencial- Se solicita urgente confirmacion.-

-13,10   Informa Comisario Farinelli SIPBA- recibió Mayor Velazquez.-

Se confirma la recepcion de la informacion sobre el tiroteo; tratará de confirmar el hecho.-

- 13,15   Informa SIDE-Capitan Figueroa- recibió Mayor Velazquez-
Confirma hubo tiroteo entre Policia de la Provincia y e-
lentos armados cuyo origen no pueden determinar habiendo
un herido por parte por parte policial y otro por parte
del grupo armado.-

- 13,45   Informa C.CP.POL. FED. Oficial Subispector Strof-recibió
Oficial Ayte. Guastavino.
A la 13,10 se encuentra aproximadamente tres millones de
personas, sigue afluyendo gente y que la situación es
completamente normal. Refente al tiroteo es todo negati-
vo pero sí hubo heridos y se debe simplemente a la gran
cantidad de personas, cosa muy comúm en estos casos.

- 14,15   Informa SIPBA Inspector Carrizo - recibó Oficial Ayte.
Guastavino.
Hasta el momento se desconoce si hubo tiroteo en las in
mediaciones del palco oficial.

- 14,25   Informa SIPBA. Subispector Ordoñes - recibió Mayor Velaz
quez.
Se encuentran aproximadamente tres millones quinientos
mil personas; se encuentran 2.200 hombres cubriendo el
dispositivo de seguridad.

Documento 13

Carta del subsecretario del Interior Leopoldo Schiffrin al ministro Righi, aportándole datos y sugiriéndole cómo manejarse en la reunión de la Comisión Investigadora. La policía no intervino porque Osinde se fue sin darle instrucciones (página 1 del manuscrito). Se había convenido que sólo Osinde podía dar la orden de fuego (página 4). Los efectivos no se movieron de sus lugares (página 2). Schiffrin, un jurista sin antecedentes políticos, planteó la cuestión con mayor agudeza que nadie en el equipo camporista. Osinde asumió toda la responsabilidad, excluyendo a la Policía y otorgando el control del palco a un bando faccioso que provocó la masacre.

Querido Ministro:

Te dejo el abultado
informe de la Policía de la Provincia de Buenos Aires, que es el más amplio
resumen de los hechos, y que resulta
muy ilustrativo. —

Mañana (o mejor dicho, hoy)
Ferozzano se hará acompañar por el
Crio. Mayor Pinto, y el Crio. Venturmiglia.

De lo que he hablado con González y Pinto no surge que haya
existido ningún desplazamiento de
efectivos. Estos permanecieron en un
lugar, aguardando una orden de acción
que no llegó (porque Oximolosafue).

Parece que cerca de El Manguello hay un pequeño destacamento que se dedica al control de tránsito. Los hombres que est+ban allí pueden haber se desplazado en el momento del tiro teo.

Los efectivos que controlaban la Aeronáutica estaban cerca de El Man- guello, ocupando el puesto asignado por la superioridad. -

Me indigna que se discutan cuestiones sin ninguna importancia, cuando ['problema radica en que [ ] asumió el control

de la seguridad del pueblo, excluyendo totalmente a la policía,
ZZZ a la ju tera - a su exclusivo disposición, y quiera volver
a la falta le actuación policial
al menos se reanuda por hacerse
haber otorgado el control del pu-
eo a uno de los rectores en conflicto.

Me parece que aquí hace
falta ¿?? golpear y duro. Quien
ele es el que tiene que justificarse
ante los ministros ho estos ante
ál.

No cometas el error de hacerle perdonar la vida.

Un abrazo de

Polo

P. S. me llega un informe sobre el destacamento 20, que añado. —

Asimismo, me reitera el Cnl. González que en las reuniones con Allende se había convenido en que éste sólo debería dar la orden de fuego.

Documento 14

El mensaje de Perón del 21 de junio de 1973 revela objetivamente el partido que tomó en el enfrentamiento interno, y del que hubo indicios previos y posteriores. Este texto, en el estilo inconfundible del ex Presidente, hace añicos la teoría del cerco. ·

"Deseo comenzar estas palabras con un saludo muy afectuoso al pueblo argentino, que ayer desgraciadamente no pude hacerlo en forma personal por las circunstancias conocidas. Llego desde el otro extremo del mundo con el corazón abierto a una sensibilidad patriótica que sólo la larga ausencia y la distancia pueden avivar hasta su punto más álgido.

"Por eso al hablarle a los argentinos lo hago con el alma a flor de labios y deseo también que me escuchen con el mismo estado de ánimo.

"Llego casi desencarnado. Nada puede perturbar mi espíritu porque retorno sin rencores ni pasiones como no sea la que animó toda mi vida: servir lealmente a la patria, y sólo pido a los argentinos que tengan fe en el gobierno justicialista porque ése ha de ser el punto de partida para la larga marcha que iniciamos.

"Tal vez la iniciación de nuestra acción pueda parecer indecisa o imprecisa. Pero hay que tener en cuenta las circunstancias en las que la iniciamos. La situación del país es de tal gravedad que nadie puede pensar en una reconstrucción en la que no deba participar y colaborar. Este problema, como ya lo he dicho muchas veces, o lo arreglamos entre todos los argentinos o no lo arregla nadie. Por eso deseo hacer un llamado a todos al fin y al cabo hermanos, para que comencemos a ponernos de acuerdo.

"Una deuda externa que pasa los seis mil millones de dólares y un déficit cercano a los tres billones de pesos acumulados en estos años, no han de cubrirse en meses sino en años. Nadie ha de ser unitaleralmente perjudicado, pero tampoco ninguno ha de pretender medrar con el perjuicio o la desgracia ajena. No son estos días para enriquecerse desaprensivamente, sino para reconstruir la riqueza común, realizando una comunidad donde cada uno tenga la posibilidad de realizarse.

"El Movimiento Justicialista, unido a todas las fuerzas políticas, sociales, económicas y militares que quieran acompañarlo en su cruzada de Reconstrucción y Liberación del país, jugará su destino dentro de la escala de valores establecida: primero, la Patria; después, el Movimiento, y luego, los hombres, en un gran movimiento nacional y popular que pueda respaldarlo.

"Tenemos una revolución que realizar, pero para que ella sea válida ha de ser una reconstrucción pacífica y sin que cueste la vida de un solo argentino. No estamos en condiciones de seguir destruyendo frente a un destino preñado de acechanzas y peligros. Es preciso volver a lo que fue en su hora el apotegma de nuestra creación: de casa al trabajo y del trabajo a casa, porque sólo el trabajo podrá redimirnos de los desatinos pasados. Ordenemos primero nuestras cabezas y nuestros espíritus.

"Reorganicemos el país y dentro de él, al Estado, que preconcebidamente se ha pretendido destruir, y que debemos aspirar que sea lo mejor que tengamos para corresponder a un pueblo que ha demostrado ser maravilloso. Para ello elijamos los mejores hombres, provengan de donde provinieren. Acopiemos la mayor cantidad de materia gris, todos juzgados por sus genuinos valores en plenitud y no por subalternos intereses políticos, influencias personales o bastardas concupiscencias. Cada argentino ha de recibir una misión en el esfuerzo de conjunto. Esa misión será sagrada para cada uno y su importancia estará más que nada en su cumplimiento.

"En situaciones como las que vivimos todos pueden

tener influencia decisiva y así como los cargos honran al ciudadano, éste también debe ennoblecer a los cargos.

"Si en las Fuerzas Armadas de la República cada ciudadano, de general a soldado, está dispuesto a morir en la defensa de la soberanía nacional como del orden constitucional establecido, tarde o temprano han de integrarse al pueblo, que ha de esperarlas con los brazos abiertos como se espera a un hermano que retorna al hogar solidario de los argentinos.

"Necesitamos la paz constructiva, sin la cual podemos sucumbir como Nación. Que cada argentino sepa defender esa paz salvadora por todos los medios, y si alguno pretendiera alterarla con cualquier pretexto, que se le opongan millones de pechos y se alcen millones de brazos para sustentarla por los medios que sean precisos. Sólo así podremos cumplir nuestro destino.

"*Hay que volver al orden legal y constitucional como única garantía de libertad y justicia. En la función pública no ha de haber cotos cerrados de ninguna clase y el que acepte la responsabilidad, ha de exigir la autoridad que necesita para defenderla dignamente. Cuando el deber está de por medio los hombres no cuentan sino en la medida que sirven mejor a ese deber. La responsabilidad no puede ser patrimonio de los amanuenses.*

"Cada argentino, piense como piense, y sienta como sienta, tiene el inalienable derecho de vivir en seguridad y pacíficamente.

"El gobierno tiene la insoslayable obligación de asegurarlo.

"Quien altere este principio de la convivencia, sea de un lado o de otro, será el enemigo común que debemos combatir sin tregua, porque no ha de poderse hacer ni en la anarquía que la debilidad provoca o la lucha que la intolerancia desata.

"*Conozco perfectamente lo que está ocurriendo en el país. Los que creen lo contrario se equivocan. Estamos viviendo las consecuencias de una posguerra civil que aunque desarrollada embozadamente no por eso ha dejado de existir, a lo que se suman las perversas intenciones de los factores ocultos que desde las sombras trabajan sin cesar tras designios no por inconfesables menos reales. Nadie puede pretender que todo esto cese de la noche a la mañana. Pero todos tenemos el deber ineludible de enfrentar activamente a esos enemigos si no queremos perecer en el infortunio de nuestra desaprensión e incapacidad culposa.*

"Pero el Movimiento Peronista, que tiene una trayectoria y una tradición no permanecerá inactivo frente a tales intentos, y nadie podrá cambiarlos a espaldas del pueblo, que las ha afirmado en fechas muy recientes y ante la ciudanía que comprende también cuál es el camino que mejor conviene a la Nación Argentina. Cada uno será lo que deba ser o no será nada. Así como antes llamamos a nuestros compatriotas en la Hora del Pueblo, el Frente Cívico de Liberación y el Frente Justicialista de Liberación para que mancomunados nuestros ideales y nuestros esfuerzos pudiéramos pujar por una Argentina mejor, el justicialismo, que no ha sido nunca ni sectario ni excluyente, llama hoy a todos los argentinos, sin distinción de banderías, para que todos solidariamente nos pongamos en la perentoria tarea de la reconstrucción nacional, sin la cual estaremos todos perdidos. Es preciso llegar así, y cuanto antes a una sola clase de argentinos, los que luchan por la salvación de la Patria, gravemente comprometida en su destino por los enemigos de afuera y de adentro.

"Los peronistas tenemos que retornar a la conducción de nuestro Movimiento, ponernos en marcha y neutralizar a los que pretenden deformarlo desde abajo y desde arriba. Nosotros somos justicialistas, levantamos una bandera tan distante de uno como de otro de los imperialismos dominantes. No creo que haya un argentino

que no sepa lo que ellos significan. No hay nuevos rótulos que califiquen a nuestra doctrina y a nuestra ideología.

"Somos lo que las veinte verdades peronistas dicen. No es gritando la vida por Perón que se hace patria, sino manteniendo el credo por el cual luchamos. Los viejos peronistas lo sabemos. Tampoco lo ignoran nuestros muchachos que levantan banderas revolucionarias.

"Los que pretextan lo inconfesable aunque cubran sus falsos designios con gritos engañosos o se empeñen en peleas descabelladas no pueden engañar a nadie. Los que no comparten nuestras premisas si se subordinan al veredicto de las urnas tienen un camino honesto que seguir en la lucha que ha de ser para el bien y la grandeza de la patria y no para su desgracia. Los que ingenuamente piensan que pueden copar nuestro Movimiento o tomar el poder que el pueblo ha reconquistado se equivocan. Ninguna simulación o encubrimiento por ingeniosos que sean podrán engañar a un pueblo que ha sufrido lo que el nuestro y que está animado por una firme voluntad de vencer.

"Por eso deseo advertir a los que tratan de infiltrarse en los estamentos populares o estatales que por ese camino van mal. Así aconsejo a todos ellos tomar el único camino genuinamente nacional; cumplir con nuestro deber de argentinos sin dobleces ni designios inconfesables. Nadie puede ya escapar a la tremenda experiencia que los años, el dolor y el sacrificio han grabado a fuego en nuestras almas y para siempre.

"Tenemos un país que a pesar de todo no han podido destruir, rico en hombres y rico en bienes. Vamos a ordenar el Estado y todo lo que de él dependa que pueda haber sufrido depredaciones u olvido. Esa será la principal tarea del gobierno. El resto lo hará el pueblo argentino, que en los años que corren ha demostrado una madurez y una capacidad superior a toda ponderación.

"En el final de este camino está la Argentina potencia, en plena prosperidad con habitantes que puedan gozar del más alto standard de vida, que la tenemos en germen y que sólo debemos realizarla. Yo quiero ofrecer mis últimos años de vida a un logro que es toda mi ambición. Sólo necesito que los argentinos lo crean y nos ayuden a cumplirlo.

"La inoperancia en los momentos que tenemos que vivir es un crimen de lesa patria. Los que estamos en el país tenemos el deber de producir por lo menos lo que consumimos. Esta no es hora de vagos ni de inoperantes.

"Los científicos, los técnicos, los artesanos y los obreros que estén fuera del país deben retornar a él a fin de ayudarnos en la reconstrucción que estamos planificando y que hemos de poner en ejecución en el menor plazo. Finalmente deseo exhortar a todos mis compañeros peronistas para que obrando con la mayor grandeza echen a la espalda los malos recuerdos y se dediquen a pensar en la futura grandeza de la patria que bien puede estar en nuestras propias manos y en nuestros propios esfuerzos.

"A los que fueron nuestros adversarios que acepten la soberanía del pueblo, que es la verdadera soberanía. Cuando se quieran alejar los fantasmas del vasallaje foráneo siempre más indignos y más costosos.

"A los enemigos embozados y encubiertos o disimulados, les aconsejo que cesen en sus intentos porque cuando los pueblos agotan su paciencia suelen hacer tronar el escarmiento. Dios nos ayude si somos capaces de ayudar a Dios. La oportunidad suele pasar muy quedo, guay de los que carecen de sensibilidad e imaginación para no percibirla. Un grande y cariñoso abrazo para todos mis compañeros y un saludo afectuoso y lleno de respeto para el resto de los argentinos."

Plano 1

La columna sur de la Juventud Peronista ingresa por la ruta 205.

Se propone bordear la parte trasera del palco e instalarse de frente, donde ya hay ubicados grupos de la Juventud Trabajadora Peronista. Las rayas negras indican el trayecto efectuado. Las caladas, el que se proponían realizar. Eran las 14.30.

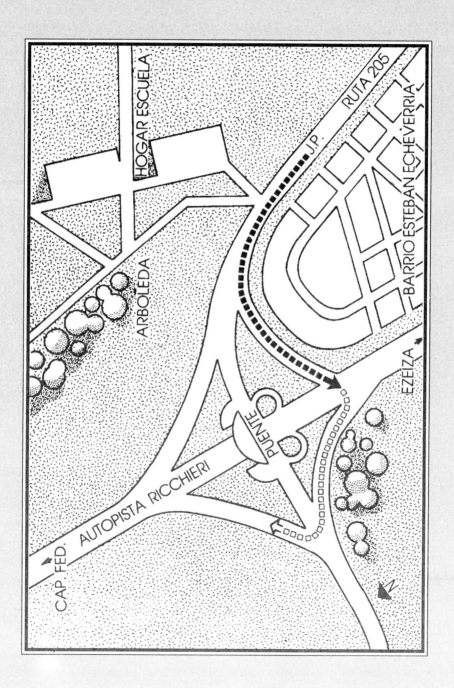

Plano 2

Al pasar por detrás del palco, los custodios de Osinde abren fuego contra la columna sur.

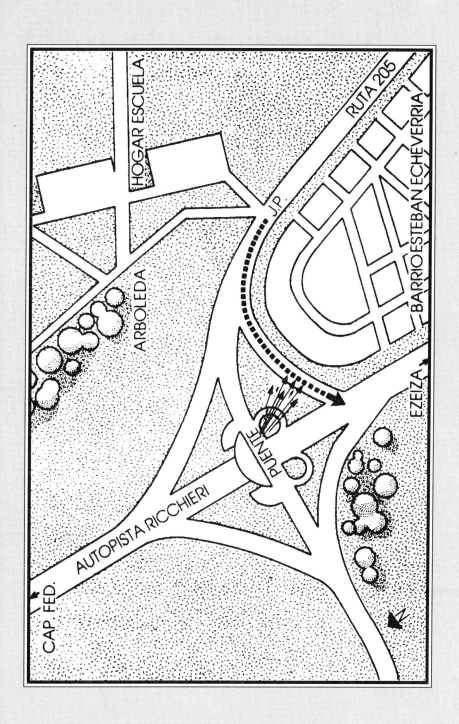

Plano 3

La columna atacada se desbanda. Una parte corre hacia el barrio Esteban Echeverría y otra hacia el bosque detrás del cual está el Hogar Escuela. Desde el palco hacen fuego sobre sus espaldas. Los disparos llegan al Hogar Escuela, desde donde el Comando de Organización responde, sin advertir que provienen del palco. Casi idéntico será el segundo tiroteo entre el palco y el Hogal Escuela, a las 16.30.

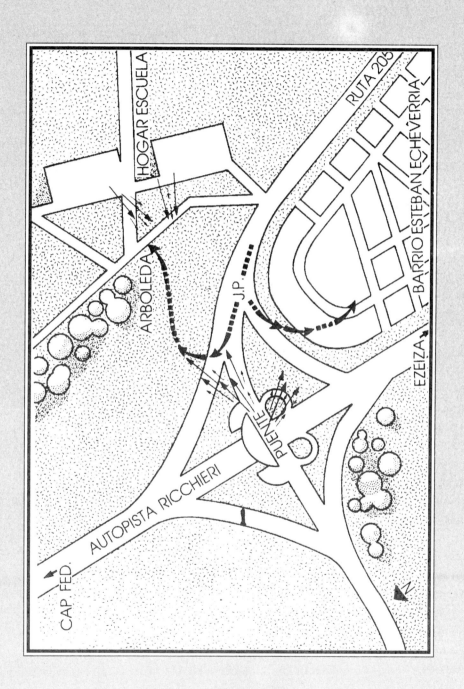

Plano 4

Un grupo de la UES se echa a descansar en el pasto, a espaldas del palco. En la lomada próxima dormitan dentro de un jeep Horacio Simona y José Luis Nell. Del palco sale un equipo de hombres armados al mando del capitán Chavarri, quienes se dirigen hacia la arboleda con la orden de desalojar a quienes ocupan los árboles. En el camino hay un intercambio de insultos entre Nell y Chavarri, y cuando el militar apunta su pistola 11,25 a la cabeza del montonero, Simona se le adelanta y dispara primero. Simona y Nell corren hacia los árboles y en ese trayecto son heridos. Vuelve a entablarse un tiroteo entre el palco y el Hogar Escuela, entre dos grupos dirigidos por Osinde, mientras en el bosque se da caza a cualquiera, se le conduce al palco y luego al Hotel Internacional, donde funciona la sala de torturas.

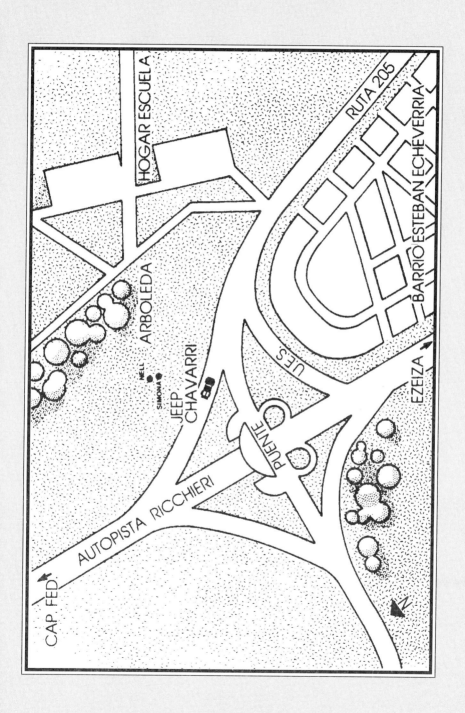

Notas

1. *The Buenos Aires Herald*, 6 de junio de 1973.
2. *Mayoría*, 9 de junio de 1973.
3. Cartas de Caviglia y Anael a Perón se reproducen en la sección documental de este libro.
4. Revista *Somos*, octubre de 1976.
5. *La Opinión*, 22 de julio de 1975. Artículo de Tomás Eloy Martínez.
6/7. Testimonio de uno de los protagonistas, recogido por el autor en Lima en 1975.
8. Declaración judicial de Rafael Douek, el 7 de agosto de 1953. En Nudelman, Santiago: *Por la moral y la decencia administrativa*, Buenos Aires, 1956.
9. 10. 11. Declaraciones judiciales de Douek, González Dogliotti y Carranza, en Nudelman, op. cit.
12. *Clarín*, 18 de diciembre de 1971.
13. Declaraciones al autor. En *Clarín*, 29 de diciembre de 1972.
14. La participación de los salarios en el ingreso no llegaba al 40% en 1943, y superó el 50% en 1955.
15. Perón-Cooke, *Correspondencia*, Buenos Aires, 1971.
16. *La Opinión*, 3 de octubre de 1976.
17/18. *La Razón*, 13 de junio de 1973. Conferencia de prensa de Jorge Llampart.
19. 20. 21. 22. 23. Informe sobre lo sucedido entre el 1° y

el 20 de junio, presentado por integrantes de la Coordinadora a la Juventud Peronista.

24. Bonifacio del Carril: *Crónica de la Revolución Libertadora*, Buenos Aires, 1956.
25. Luis Ernesto Lonardi: *Dios es Justo*. Buenos Aires, 1958.
26. *Primera Plana*, 13 de junio de 1972.
27. *Las Bases*, enero de 1973.
28. *Prensa Confidencial,* enero de 1973.
29. *La Opinión*, 21 de junio de 1973.
30. *Clarín*, 21 de junio de 1973.
31. *La Opinión*, 22 de junio de 1973.
32. *Osinde, Jorge*, informe del 22 de junio a la Comisión Investigadora, ver sección documental.
33. *La Prensa*, 22 de junio de 1973.
34. Inventario levantado el 25 de junio de 1973 por el escribano León Hirsch.
35. *Mayoría,* 22 de junio de 1973.
36. *Panorama*, 21 de diciembre de 1972.
37. *Clarín*, 21 de diciembre de 1972.
38. *Clarín*, 20 de junio de 1973. Suplemento especial del retorno.
39. *La Nación*, 16 de junio de 1973.
40. *Osinde, Jorge Manuel:* Informe sintético, en la sección documental.
41. *Troxler, Julio*: informe del subjefe de la Policía de la provincia de Buenos Aires, en la sección documental.
42. Informe de la Policía de la provincia de Buenos Aires, en la sección documental.
43. *Clarín*, 21 de junio de 1973.
44. *La Nación*, 21 de junio de 1973.
45. *La Opinión*, 22 de junio de 1973.
46. Informe del Servicio de Informaciones de la Provincia de Buenos Aires a la SIDE, 22 de junio de 1973.
47. *Osinde*, informe a la Comisión Investigadora del 21 de junio de 1973, en la sección documental.

48. *Osinde*, informe complementario del 22 de junio, en sección documental.
49. Informe de la policía de Buenos Aires, 27 de junio de 1973, en sección documental.
50. *Ricardo Vittani:* informe del subjefe de la Policía Federal, comisario general Vittani.
51. *Rogelio González*, jefe de la custodia presidencial: informe al ministro de Bienestar Social, José López Rega, en la sección documental.
52. Testimonio del pastor Horacio Gualdieri y su esposa María del Carmen Bigorella, ante la JP.
53. Informe de Osinde a la Comisión Ministerial Investigadora, en la sección documental.
54. *Clarín,* 21 de junio de 1973.
55. Gualdieri-Bigorella, testimonio citado.
56. *Así,* 22 de junio de 1973.
57. Declaración ante la policía de Mendoza, el 25 de junio de 1973.
58. 59. *Chegin, Tomás Enrique,* declaración ante la Policía Federal, el 21 de junio de 1973.
60. *Almada, José:* declaración ante la Policía Federal, el 21 de junio de 1973.
61. *La Opinión,* 20 de julio de 1973.
62. *Leonardo Favio*, conferencia de prensa en su casa, 25 de junio de 1973.
63. *Leonardo Favio*, declaración ante la Policía Federal.
64. Declaraciones de los ocho detenidos ante la Policía Federal, el 23 de junio de 1973.
65. Informe del comisario Domingo Tesone.
66. *Ciro Ahumada*, memorándum a Osinde, en la sección documental.
67. Los seis documentos se reproducen en la sección documental.
68.69. *La Razón,* 22 de junio de 1973.
70. *El Economista,* 22 de junio de 1973.

71. *Schiffrin, Leopoldo,* carta a Righi, en la sección documental.
72. Informe del jefe de la Policía Federal, en sección documental.
73. *La Prensa,* 18 de junio de 1973.
75. *Confirmado,* 19 de junio de 1973.
74. 76. 77. *Prensa Confidencial,* 18 de junio de 1973.
78. Revista *El burgués,* 3 de julio de 1973.
79. *Redacción,* julio de 1973.
80. *La Opinión,* 21 de junio de 1973.
81. *Prensa Confidencial,* 25 de junio de 1973.
82. Diálogo del embajador Mario Alberto Cámpora con el autor.
83. *Héctor J. Cámpora:* El mandato de Perón, Buenos Aires, octubre de 1975, página 83.

INDICE

TERCERA PARTE

LOS DOCUMENTOS

Esta edición
se terminó de imprimir en
Grafinor S.A.
Lamadrid 1576, Villa Ballester
en el mes de junio de 1998.